AFRICÂNER
VOCABULÁRIO

PORTUGUÊS BRASILEIRO

PORTUGUÊS
AFRICÂNER

Para alargar o seu léxico e apurar
as suas competências linguísticas

3000 palavras

Vocabulário Português Brasileiro-Africâner - 3000 palavras

Por Andrey Taranov

Os vocabulários da T&P Books destinam-se a ajudar a aprender, a memorizar, e a rever palavras estrangeiras. O dicionário é dividido em temas, cobrindo todas as principais esferas de atividades quotidianas, negócios, ciência, cultura, etc.

O processo de aprendizagem, utilizando os dicionários baseados em temáticas da T&P Books dá-lhe as seguintes vantagens:

- Informação de origem corretamente agrupada predetermina o sucesso em fases subsequentes da memorização de palavras
- Disponibilização de palavras derivadas da mesma raiz, o que permite a memorização de unidades de texto (em vez de palavras separadas)
- Pequenas unidades de palavras facilitam o processo de estabelecimento de vínculos associativos necessários para a consolidação do vocabulário
- O nível de conhecimento da língua pode ser estimado pelo número de palavras aprendidas

T&P Books Publishing
www.tpbooks.com

ISBN: 978-1-78767-409-7

Este livro também está disponível em formato E-book.
Por favor visite www.tpbooks.com ou as principais livrarias on-line.

VOCABULÁRIO AFRICÂNER
palavras mais úteis

Os vocabulários da T&P Books destinam-se a ajudar a aprender, a memorizar, e a rever palavras estrangeiras. O vocabulário contém mais de 3000 palavras de uso comum organizadas tematicamente.

O vocabulário contém as palavras mais comummente usadas

Recomendado como adicional para qualquer curso de línguas

Satisfaz as necessidades dos iniciados e dos alunos avançados de línguas estrangeiras

Conveniente para o uso diário, sessões de revisão e atividades de auto-teste

Permite avaliar o seu vocabulário

Características especias do vocabulário

- As palavras estão organizadas de acordo com o seu significado, e não por ordem alfabética
- As palavras são apresentadas em três colunas para facilitar os processos de revisão e auto-teste
- As palavras compostas são divididas em pequenos blocos para facilitar o processo de aprendizagem
- O vocabulário oferece uma transcrição simples e adequada de cada palavra estrangeira

O vocabulário contém 101 tópicos incluindo:

Conceitos básicos, Números, Cores, Meses, Estações do ano, Unidades de medida, Roupas & Acessórios, Alimentos & Nutrição, Restaurante, Membros da Família, Parentes, Caráter, Sentimentos, Emoções, Doenças, Cidade, Passeios, Compras, Dinheiro, Casa, Lar, Escritório, Trabalho no Escritório, Importação & Exportação, Marketing, Pesquisa de Emprego, Esportes, Educação, Computador, Internet, Ferramentas, Natureza, Países, Nacionalidades e muito mais ...

TABELA DE CONTEÚDOS

4

GUIA DE PRONUNCIAÇÃO

Alfabeto fonético T&P	Exemplo africâner	Exemplo Português
[a]	land	chamar
[ã]	straat	rapaz
[æ]	hout	semana
[o], [ɔ]	Australië	noite
[e]	metaal	metal
[ɛ]	aanlê	mesquita
[ə]	filter	milagre
[ı]	uur	sinônimo
[i]	billik	sinônimo
[ï]	naïef	cair
[o]	koppie	lobo
[ø]	akteur	orgulhoso
[œ]	fluit	orgulhoso
[u]	hulle	bonita
[ʊ]	hout	bonita
[b]	bakker	barril
[d]	donder	dentista
[f]	navraag	safári
[g]	burger	gosto
[h]	driehoek	[h] aspirada
[j]	byvoeg	Vietnã
[k]	kamera	aquilo
[l]	loon	libra
[m]	môre	magnólia
[n]	neef	natureza
[p]	pyp	presente
[r]	rigting	riscar
[s]	oplos	sanita
[t]	lood, tenk	tulipa
[v]	bewaar	fava
[w]	oorwinnaar	página web
[z]	zoem	sésamo
[dʒ]	enjin	adjetivo
[ʃ]	artisjok	mês
[ŋ]	kans	alcançar
[tʃ]	tjek	Tchau!
[ʒ]	beige	talvez
[x]	agent	fricativa uvular surda

ABREVIATURAS
usadas no vocabulário

Abreviaturas do Português

adj	-	adjetivo
adv	-	advérbio
anim.	-	animado
conj.	-	conjunção
desp.	-	esporte
etc.	-	Etcetera
ex.	-	por exemplo
f	-	nome feminino
f pl	-	feminino plural
fem.	-	feminino
inanim.	-	inanimado
m	-	nome masculino
m pl	-	masculino plural
m, f	-	masculino, feminino
masc.	-	masculino
mat.	-	matemática
mil.	-	militar
pl	-	plural
prep.	-	preposição
pron.	-	pronome
sb.	-	sobre
sing.	-	singular
v aux	-	verbo auxiliar
vi	-	verbo intransitivo
vi, vt	-	verbo intransitivo, transitivo
vr	-	verbo reflexivo
vt	-	verbo transitivo

CONCEITOS BÁSICOS

1. Pronomes

eu	**ek, my**	[ɛk], [maj]
você	**jy**	[jaj]
ele, ela	**hy, sy, dit**	[haj], [saj], [dit]
nós	**ons**	[ɔŋs]
vocês	**julle**	[jullə]
o senhor, -a	**u**	[u]
senhores, -as	**u**	[u]
eles	**hulle**	[hullə]
elas	**hulle**	[hullə]

2. Cumprimentos. Saudações

Oi!	**Hallo!**	[hallo!]
Olá!	**Hallo!**	[hallo!]
Bom dia!	**Goeie môre!**	[χuje mɔrə!]
Boa tarde!	**Goeiemiddag!**	[χuje·middaχ!]
Boa noite!	**Goeienaand!**	[χuje·nãnt!]
cumprimentar (vt)	**dagsê**	[daχsɛ:]
Oi!	**Hallo!**	[hallo!]
saudação (f)	**groet**	[χrut]
saudar (vt)	**groet**	[χrut]
Como vai?	**Hoe gaan dit?**	[hu χãn dit?]
E aí, novidades?	**Hoe gaan dit?**	[hu χãn dit?]
Tchau!	**Totsiens!**	[totsiŋs!]
Até logo!	**Koebaai!**	[kubãi!]
Até breve!	**Totsiens!**	[totsiŋs!]
Adeus! (sing.)	**Mooi loop!**	[moj loəp!]
Adeus! (pl)	**Vaarwel!**	[fãrwel!]
despedir-se (dizer adeus)	**afskeid neem**	[afskæjt neəm]
Até mais!	**Koebaai!**	[kubãi!]
Obrigado! -a!	**Dankie!**	[danki!]
Muito obrigado! -a!	**Baie dankie!**	[baje danki!]
De nada	**Plesier**	[plesir]
Não tem de quê	**Plesier!**	[plesir!]
Não foi nada!	**Plesier**	[plesir]
Desculpa!	**Ekskuus!**	[ɛkskɪs!]
Desculpe!	**Verskoon my!**	[ferskoən maj!]
desculpar (vt)	**verskoon**	[ferskoən]

desculpar-se (vr)	verskoning vra	[ferskoniŋ fra]
Me desculpe	Verskoning	[ferskonin]
Desculpe!	Ek is jammer!	[ɛk is jammər!]
perdoar (vt)	vergewe	[ferχevə]
Não faz mal	Maak nie saak nie!	[māk ni sāk ni!]
por favor	asseblief	[asseblif]
Não se esqueça!	Vergeet dit nie!	[ferχeət dit ni!]
Com certeza!	Beslis!	[beslis!]
Claro que não!	Natuurlik nie!	[natɪrlik ni!]
Está bem! De acordo!	OK!	[okej!]
Chega!	Dis genoeg!	[dis χenuχ!]

3. Questões

Quem?	Wie?	[vi?]
O que?	Wat?	[vat?]
Onde?	Waar?	[vār?]
Para onde?	Waarheen?	[vārheən?]
De onde?	Waarvandaan?	[vārfandān?]
Quando?	Wanneer?	[vanneər?]
Para quê?	Hoekom?	[hukom?]
Por quê?	Hoekom?	[hukom?]
Para quê?	Vir wat?	[fir vat?]
Como?	Hoe?	[hu?]
Qual (~ é o problema?)	Watter?	[vattər?]
Qual (~ deles?)	Watter een?	[vattər eən?]
A quem?	Vir wie?	[fir vi?]
De quem?	Oor wie?	[oər vi?]
Do quê?	Oor wat?	[oər vat?]
Com quem?	Met wie?	[met vi?]
Quanto, -os, -as?	Hoeveel?	[hufeəl?]

4. Preposições

com (prep.)	met	[met]
sem (prep.)	sonder	[sondər]
a, para (exprime lugar)	na	[na]
sobre (ex. falar ~)	oor	[oər]
antes de ...	voor	[foər]
em frente de ...	voor ...	[foər ...]
debaixo de ...	onder	[ondər]
sobre (em cima de)	oor	[oər]
em ..., sobre ...	op	[op]
de, do (sou ~ Rio de Janeiro)	uit	[œit]
de (feito ~ pedra)	van	[fan]
em (~ 3 dias)	oor	[oər]
por cima de ...	oor	[oər]

5.   Palavras funcionais. Advérbios. Parte 1

Onde?	Waar?	[vãr?]
aqui	hier	[hir]
lá, ali	daar	[dãr]
em algum lugar	êrens	[ærɛŋs]
em lugar nenhum	nêrens	[nærɛŋs]
perto de ...	by	[baj]
perto da janela	by	[baj]
Para onde?	Waarheen?	[vãrheən?]
aqui	hier	[hir]
para lá	soontoe	[soentu]
daqui	hiervandaan	[hirfandãn]
de lá, dali	daarvandaan	[dãrfandãn]
perto	naby	[nabaj]
longe	ver	[fer]
perto de ...	naby	[nabaj]
à mão, perto	naby	[nabaj]
não fica longe	nie ver nie	[ni fər ni]
esquerdo (adj)	linker-	[linkər-]
à esquerda	op linkerhand	[op linkərhant]
para a esquerda	na links	[na links]
direito (adj)	regter	[reχtər]
à direita	op regterhand	[op reχtərhant]
para a direita	na regs	[na reχs]
em frente	voor	[foər]
da frente	voorste	[foərstə]
adiante (para a frente)	vooruit	[foərœit]
atrás de ...	agter	[aχtər]
de trás	van agter	[fan aχtər]
para trás	agtertoe	[aχtərtu]
meio (m), metade (f)	middel	[middəl]
no meio	in die middel	[in di middəl]
do lado	op die sykant	[op di sajkant]
em todo lugar	orals	[orals]
por todos os lados	orals rond	[orals ront]
de dentro	van binne	[fan binnə]
para algum lugar	êrens	[ærɛŋs]
diretamente	reguit	[reχœit]
de volta	terug	[teruχ]
de algum lugar	êrens vandaan	[ærɛŋs fandãn]
de algum lugar	êrens vandaan	[ærɛŋs fandãn]

em primeiro lugar	**in die eerste plek**	[in di eərstə plek]
em segundo lugar	**in die tweede plek**	[in di tweedə plek]
em terceiro lugar	**in die derde plek**	[in di derdə plek]
de repente	**skielik**	[skilik]
no início	**aan die begin**	[ān di beχin]
pela primeira vez	**vir die eerste keer**	[fir di eərstə keər]
muito antes de ...	**lank voordat ...**	[lank foərdat ...]
de novo	**opnuut**	[opnɪt]
para sempre	**vir goed**	[fir χut]
nunca	**nooit**	[nojt]
de novo	**weer**	[veər]
agora	**nou**	[næʊ]
frequentemente	**dikwels**	[dikwɛls]
então	**toe**	[tu]
urgentemente	**dringend**	[driŋən]
normalmente	**gewoonlik**	[χevoənlik]
a propósito, ...	**terloops, ...**	[terloəps], [...]
é possível	**moontlik**	[moentlik]
provavelmente	**waarskynlik**	[vārskajnlik]
talvez	**dalk**	[dalk]
além disso, ...	**trouens ...**	[træʊɛŋs ...]
por isso ...	**dis hoekom ...**	[dis hukom ...]
apesar de ...	**ondanks ...**	[ondanks ...]
graças a ...	**danksy ...**	[danksaj ...]
que (pron.)	**wat**	[vat]
que (conj.)	**dat**	[dat]
algo	**iets**	[its]
alguma coisa	**iets**	[its]
nada	**niks**	[niks]
quem	**wie**	[vi]
alguém (~ que ...)	**iemand**	[imant]
alguém (com ~)	**iemand**	[imant]
ninguém	**niemand**	[nimant]
para lugar nenhum	**nêrens**	[nærɛŋs]
de ninguém	**niemand se**	[nimant sə]
de alguém	**iemand se**	[imant sə]
tão	**so**	[so]
também (gostaria ~ de ...)	**ook**	[oək]
também (~ eu)	**ook**	[oək]

6. Palavras funcionais. Advérbios. Parte 2

Por quê?	**Waarom?**	[vārom?]
porque ...	**omdat ...**	[omdat ...]
e (tu ~ eu)	**en**	[ɛn]
ou (ser ~ não ser)	**of**	[of]

mas (porém)	**maar**	[mãr]
para (~ a minha mãe)	**vir**	[fir]
muito, demais	**te**	[te]
só, somente	**net**	[net]
exatamente	**presies**	[presis]
cerca de (~ 10 kg)	**ongeveer**	[onχəfeər]
aproximadamente	**ongeveer**	[onχəfeər]
aproximado (adj)	**geraamde**	[χerãmdə]
quase	**amper**	[ampər]
resto (m)	**die res**	[di res]
o outro (segundo)	**die ander**	[di andər]
outro (adj)	**ander**	[andər]
cada (adj)	**elke**	[ɛlkə]
qualquer (adj)	**enige**	[ɛniχə]
muitos, muitas	**baie**	[baje]
muitas pessoas	**baie mense**	[baje mɛŋsə]
todos	**almal**	[almal]
em troca de ...	**in ruil vir ...**	[in rœil fir ...]
em troca	**as vergoeding**	[as ferχudiŋ]
à mão	**met die hand**	[met di hant]
pouco provável	**skaars**	[skãrs]
provavelmente	**waarskynlik**	[vãrskajnlik]
de propósito	**opsetlik**	[opsetlik]
por acidente	**toevallig**	[tufalləχ]
muito	**baie**	[baje]
por exemplo	**byvoorbeeld**	[bajfoərbeəlt]
entre	**tussen**	[tussən]
entre (no meio de)	**tussen**	[tussən]
tanto	**so baie**	[so baje]
especialmente	**veral**	[feral]

NÚMEROS. DIVERSOS

7. Números cardinais. Parte 1

zero	nul	[nul]
um	een	[eən]
dois	twee	[tweə]
três	drie	[dri]
quatro	vier	[fir]
cinco	vyf	[fajf]
seis	ses	[ses]
sete	sewe	[sevə]
oito	ag	[aχ]
nove	nege	[neχə]
dez	tien	[tin]
onze	elf	[ɛlf]
doze	twaalf	[twãlf]
treze	dertien	[dertin]
catorze	veertien	[feərtin]
quinze	vyftien	[fajftin]
dezesseis	sestien	[sestin]
dezessete	sewetien	[sevətin]
dezoito	agtien	[aχtin]
dezenove	negetien	[neχetin]
vinte	twintig	[twintəχ]
vinte e um	een-en-twintig	[eən-en-twintəχ]
vinte e dois	twee-en-twintig	[tweə-en-twintəχ]
vinte e três	drie-en-twintig	[dri-en-twintəχ]
trinta	dertig	[dertəχ]
trinta e um	een-en-dertig	[eən-en-dertəχ]
trinta e dois	twee-en-dertig	[tweə-en-dertəχ]
trinta e três	drie-en-dertig	[dri-en-dertəχ]
quarenta	veertig	[feərtəχ]
quarenta e um	een-en-veertig	[eən-en-feərtəχ]
quarenta e dois	twee-en-veertig	[tweə-en-feərtəχ]
quarenta e três	vier-en-veertig	[fir-en-feərtəχ]
cinquenta	vyftig	[fajftəχ]
cinquenta e um	een-en-vyftig	[eən-en-fajftəχ]
cinquenta e dois	twee-en-vyftig	[tweə-en-fajftəχ]
cinquenta e três	drie-en-vyftig	[dri-en-fajftəχ]
sessenta	sestig	[sestəχ]
sessenta e um	een-en-sestig	[eən-en-sestəχ]

| sessenta e dois | twee-en-sestig | [twee-en-sestəχ] |
| sessenta e três | drie-en-sestig | [dri-en-sestəχ] |

setenta	sewentig	[seventəχ]
setenta e um	een-en-sewentig	[een-en-seventəχ]
setenta e dois	twee-en-sewentig	[twee-en-seventəχ]
setenta e três	drie-en-sewentig	[dri-en-seventəχ]

oitenta	tagtig	[taχtəχ]
oitenta e um	een-en-tagtig	[een-en-taχtəχ]
oitenta e dois	twee-en-tagtig	[twee-en-taχtəχ]
oitenta e três	drie-en-tagtig	[dri-en-taχtəχ]

noventa	negentig	[neχentəχ]
noventa e um	een-en-negentig	[een-en-neχentəχ]
noventa e dois	twee-en-negentig	[twee-en-neχentəχ]
noventa e três	drie-en-negentig	[dri-en-neχentəχ]

8. Números cardinais. Parte 2

cem	honderd	[hondərt]
duzentos	tweehonderd	[twee·hondərt]
trezentos	driehonderd	[dri·hondərt]
quatrocentos	vierhonderd	[fir·hondərt]
quinhentos	vyfhonderd	[fajf·hondərt]

seiscentos	seshonderd	[ses·hondərt]
setecentos	sewehonderd	[sevə·hondərt]
oitocentos	aghonderd	[aχ·hondərt]
novecentos	negehonderd	[neχə·hondərt]

mil	duisend	[dœisent]
dois mil	tweeduisend	[twee·dœisent]
três mil	drieduisend	[dri·dœisent]
dez mil	tienduisend	[tin·dœisent]
cem mil	honderdduisend	[hondərt·dajsent]
um milhão	miljoen	[miljun]
um bilhão	miljard	[miljart]

9. Números ordinais

primeiro (adj)	eerste	[eerstə]
segundo (adj)	tweede	[tweedə]
terceiro (adj)	derde	[derdə]
quarto (adj)	vierde	[firdə]
quinto (adj)	vyfde	[fajfdə]

sexto (adj)	sesde	[sesdə]
sétimo (adj)	sewende	[sevendə]
oitavo (adj)	agste	[aχstə]
nono (adj)	negende	[neχendə]
décimo (adj)	tiende	[tində]

CORES. UNIDADES DE MEDIDA

10. Cores

cor (f)	kleur	[kløər]
tom (m)	skakering	[skakeriŋ]
tonalidade (m)	tint	[tint]
arco-íris (m)	reënboog	[rɛɛn·boəχ]
branco (adj)	wit	[vit]
preto (adj)	swart	[swart]
cinza (adj)	grys	[χrajs]
verde (adj)	groen	[χrun]
amarelo (adj)	geel	[χeəl]
vermelho (adj)	rooi	[roj]
azul (adj)	blou	[blæʊ]
azul claro (adj)	ligblou	[liχ·blæʊ]
rosa (adj)	pienk	[pink]
laranja (adj)	oranje	[oranje]
violeta (adj)	pers	[pers]
marrom (adj)	bruin	[brœin]
dourado (adj)	goue	[χæʊə]
prateado (adj)	silweragtig	[silweraχtəχ]
bege (adj)	beige	[bɛ:iʒ]
creme (adj)	roomkleurig	[roəm·kløərəχ]
turquesa (adj)	turkoois	[turkojs]
vermelho cereja (adj)	kersierooi	[kersi·roj]
lilás (adj)	lila	[lila]
carmim (adj)	karmosyn	[karmosajn]
claro (adj)	lig	[liχ]
escuro (adj)	donker	[donkər]
vivo (adj)	helder	[hɛldər]
de cor	kleurig	[kløərəχ]
a cores	kleur	[kløər]
preto e branco (adj)	swart-wit	[swart-wit]
unicolor (de uma só cor)	effe	[ɛffə]
multicolor (adj)	veelkleurig	[feəlkløərəχ]

11. Unidades de medida

peso (m)	gewig	[χevəχ]
comprimento (m)	lengte	[leŋtə]

largura (f)	**breedte**	[breədtə]
altura (f)	**hoogte**	[hoəχtə]
profundidade (f)	**diepte**	[diptə]
volume (m)	**volume**	[folumə]
área (f)	**area**	[area]
grama (m)	**gram**	[χram]
miligrama (m)	**milligram**	[milliχram]
quilograma (m)	**kilogram**	[kiloχram]
tonelada (f)	**ton**	[ton]
libra (453,6 gramas)	**pond**	[pont]
onça (f)	**ons**	[ɔŋs]
metro (m)	**meter**	[metər]
milímetro (m)	**millimeter**	[millimetər]
centímetro (m)	**sentimeter**	[sentimetər]
quilômetro (m)	**kilometer**	[kilometər]
milha (f)	**myl**	[majl]
polegada (f)	**duim**	[dœim]
pé (304,74 mm)	**voet**	[fut]
jarda (914,383 mm)	**jaart**	[jãrt]
metro (m) quadrado	**vierkante meter**	[firkantə metər]
hectare (m)	**hektaar**	[hektãr]
litro (m)	**liter**	[litər]
grau (m)	**graad**	[χrãt]
volt (m)	**volt**	[folt]
ampère (m)	**ampère**	[ampɛ:r]
cavalo (m) de potência	**perdekrag**	[perdə·kraχ]
quantidade (f)	**hoeveelheid**	[hufeəlhæjt]
metade (f)	**helfte**	[hɛlftə]
dúzia (f)	**dosyn**	[dosajn]
peça (f)	**stuk**	[stuk]
tamanho (m), dimensão (f)	**grootte**	[χroəttə]
escala (f)	**skaal**	[skãl]
mínimo (adj)	**minimaal**	[minimãl]
menor, mais pequeno	**die kleinste**	[di klæjnstə]
médio (adj)	**medium**	[medium]
máximo (adj)	**maksimaal**	[maksimãl]
maior, mais grande	**die grootste**	[di χroətstə]

12. Recipientes

pote (m) de vidro	**glaspot**	[χlas·pot]
lata (~ de cerveja)	**blikkie**	[blikki]
balde (m)	**emmer**	[ɛmmər]
barril (m)	**drom**	[drom]
bacia (~ de plástico)	**wasbak**	[vas·bak]
tanque (m)	**tenk**	[tɛnk]

cantil (m) de bolso	heupfles	[høəp·fles]
galão (m) de gasolina	petrolblik	[petrol·blik]
cisterna (f)	tenk	[tɛnk]

caneca (f)	beker	[bekər]
xícara (f)	koppie	[koppi]
pires (m)	piering	[piriŋ]
copo (m)	glas	[χlas]
taça (f) de vinho	wynglas	[vajn·χlas]
panela (f)	soppot	[sop·pot]

garrafa (f)	bottel	[bottəl]
gargalo (m)	nek	[nek]

jarra (f)	kraffie	[kraffi]
jarro (m)	kruik	[krœik]
recipiente (m)	houer	[hæʊər]
pote (m)	pot	[pot]
vaso (m)	vaas	[fãs]

frasco (~ de perfume)	bottel	[bottəl]
frasquinho (m)	botteltjie	[bottɛlki]
tubo (m)	buisie	[bœisi]

saco (ex. ~ de açúcar)	sak	[sak]
sacola (~ plastica)	sak	[sak]
maço (de cigarros, etc.)	pakkie	[pakki]

caixa (~ de sapatos, etc.)	kartondoos	[karton·doəs]
caixote (~ de madeira)	krat	[krat]
cesto (m)	mandjie	[manʤi]

VERBOS PRINCIPAIS

13. Os verbos mais importantes. Parte 1

abrir (vt)	oopmaak	[oəpmāk]
acabar, terminar (vt)	klaarmaak	[klārmāk]
aconselhar (vt)	aanraai	[ānrāi]
adivinhar (vt)	raai	[rāi]
advertir (vt)	waarsku	[vārskʊ]
ajudar (vt)	help	[hɛlp]
almoçar (vi)	gaan eet	[χān eət]
alugar (~ um apartamento)	huur	[hɪr]
amar (pessoa)	liefhê	[lifhɛ:]
ameaçar (vt)	dreig	[dræjχ]
anotar (escrever)	opskryf	[opskrajf]
apressar-se (vr)	opskud	[opskut]
arrepender-se (vr)	jammer wees	[jammər veəs]
assinar (vt)	teken	[tekən]
brincar (vi)	grappies maak	[χrappis māk]
brincar, jogar (vi, vt)	speel	[speəl]
buscar (vt)	soek ...	[suk ...]
caçar (vi)	jag	[jaχ]
cair (vi)	val	[fal]
cavar (vt)	grawe	[χravə]
chamar (~ por socorro)	roep	[rup]
chegar (vi)	aankom	[ānkom]
chorar (vi)	huil	[hœil]
começar (vt)	begin	[beχin]
comparar (vt)	vergelyk	[ferχəlajk]
concordar (dizer "sim")	saamstem	[sāmstem]
confiar (vt)	vertrou	[fertræʊ]
confundir (equivocar-se)	verwar	[ferwar]
conhecer (vt)	ken	[ken]
contar (fazer contas)	tel	[təl]
contar com ...	reken op ...	[reken op ...]
continuar (vt)	aangaan	[ānχān]
controlar (vt)	kontroleer	[kontroleər]
convidar (vt)	uitnooi	[œitnoj]
correr (vi)	hardloop	[hardloəp]
criar (vt)	skep	[skep]
custar (vt)	kos	[kos]

14. Os verbos mais importantes. Parte 2

dar (vt)	gee	[χeə]
decorar (enfeitar)	versier	[fersir]
defender (vt)	verdedig	[ferdedəχ]
deixar cair (vt)	laat val	[lãt fal]

descer (para baixo)	afkom	[afkom]
desculpar (vt)	verskoon	[ferskoən]
desculpar-se (vr)	verskoning vra	[ferskoniŋ fra]
dirigir (~ uma empresa)	beheer	[beheər]
discutir (notícias, etc.)	bespreek	[bespreək]

disparar, atirar (vi)	skiet	[skit]
dizer (vt)	sê	[sɛ:]
duvidar (vt)	twyfel	[twajfəl]
encontrar (achar)	vind	[fint]
enganar (vt)	bedrieg	[bedrəχ]

entender (vt)	verstaan	[ferstãn]
entrar (na sala, etc.)	binnegaan	[binnəχãn]
enviar (uma carta)	stuur	[stɪr]
escolher (vt)	kies	[kis]

esconder (vt)	wegsteek	[veχsteək]
escrever (vt)	skryf	[skrajf]
esperar (aguardar)	wag	[vaχ]
esperar (ter esperança)	hoop	[hoəp]
esquecer (vt)	vergeet	[ferχeət]

estar (vi)	wees	[veəs]
estudar (vt)	studeer	[studeər]
exigir (vt)	eis	[æjs]
existir (vi)	bestaan	[bestãn]
explicar (vt)	verduidelik	[ferdœeidəlik]

falar (vi)	praat	[prãt]
faltar (a la escuela, etc.)	bank	[bank]
fazer (vt)	doen	[dun]

| ficar em silêncio | stilbly | [stilblaj] |
| gabar-se (vr) | spog | [spoχ] |

gostar (apreciar)	hou van	[hæʊ fan]
gritar (vi)	skreeu	[skriʊ]
guardar (fotos, etc.)	bewaar	[bevãr]

| informar (vt) | in kennis stel | [in kɛnnis stəl] |
| insistir (vi) | aandring | [ãndriŋ] |

insultar (vt)	beledig	[beledəχ]
interessar-se (vr)	belangstel in ...	[belaŋstəl in ...]
ir (a pé)	gaan	[χãn]
ir nadar	gaan swem	[χãn swem]
jantar (vi)	aandete gebruik	[ãndetə χebrœik]

15. Os verbos mais importantes. Parte 3

ler (vt)	lees	[leəs]
libertar, liberar (vt)	bevry	[befraj]
matar (vt)	doodmaak	[doədmāk]
mencionar (vt)	verwys na	[ferwajs na]
mostrar (vt)	wys	[vajs]
mudar (modificar)	verander	[ferandər]
nadar (vi)	swem	[swem]
negar-se a ... (vr)	weier	[væjer]
objetar (vt)	beswaar maak	[beswār māk]
observar (vt)	waarneem	[vārneəm]
ordenar (mil.)	beveel	[befeəl]
ouvir (vt)	hoor	[hoər]
pagar (vt)	betaal	[betāl]
parar (vi)	stilhou	[stilhæʊ]
parar, cessar (vt)	ophou	[ophæʊ]
participar (vi)	deelneem	[deəlneəm]
pedir (comida, etc.)	bestel	[bestəl]
pedir (um favor, etc.)	vra	[fra]
pegar (tomar)	vat	[fat]
pegar (uma bola)	vang	[faŋ]
pensar (vi, vt)	dink	[dink]
perceber (ver)	raaksien	[rāksin]
perdoar (vt)	vergewe	[ferχevə]
perguntar (vt)	vra	[fra]
permitir (vt)	toestaan	[tustān]
pertencer a ... (vi)	behoort aan ...	[behoərt ān ...]
planejar (vt)	beplan	[beplan]
poder (~ fazer algo)	kan	[kan]
possuir (uma casa, etc.)	besit	[besit]
preferir (vt)	verkies	[ferkis]
preparar (vt)	kook	[koək]
prever (vt)	voorsien	[foərsin]
prometer (vt)	beloof	[beloəf]
pronunciar (vt)	uitspreek	[œitspreək]
propor (vt)	voorstel	[foərstəl]
punir (castigar)	straf	[straf]
quebrar (vt)	breek	[breək]
queixar-se de ...	kla	[kla]
querer (desejar)	wil	[vil]

16. Os verbos mais importantes. Parte 4

ralhar, repreender (vt)	uitvaar teen	[œitfār teən]
recomendar (vt)	aanbeveel	[ānbefeəl]

repetir (dizer outra vez)	**herhaal**	[herhãl]
reservar (~ um quarto)	**bespreek**	[bespreək]
responder (vt)	**antwoord**	[antwoərt]

rezar, orar (vi)	**bid**	[bit]
rir (vi)	**lag**	[laχ]
roubar (vt)	**steel**	[steəl]
saber (vt)	**weet**	[veət]
sair (~ de casa)	**uitgaan**	[œitχãn]

salvar (resgatar)	**red**	[ret]
seguir (~ alguém)	**volg ...**	[folχ ...]
sentar-se (vr)	**gaan sit**	[χãn sit]
ser (vi)	**wees**	[veəs]
ser necessário	**nodig wees**	[nodəχ veəs]

significar (vt)	**beteken**	[betekən]
sorrir (vi)	**glimlag**	[χlimlaχ]
subestimar (vt)	**onderskat**	[ondərskat]
surpreender-se (vr)	**verbaas wees**	[ferbãs veəs]

tentar (~ fazer)	**probeer**	[probeər]
ter (vt)	**hê**	[hɛ:]
ter fome	**honger wees**	[hoŋər veəs]

ter medo	**bang wees**	[baŋ veəs]
ter sede	**dors wees**	[dors veəs]
tocar (com as mãos)	**aanraak**	[ãnrãk]
tomar café da manhã	**ontbyt**	[ontbajt]
trabalhar (vi)	**werk**	[verk]
traduzir (vt)	**vertaal**	[fertãl]

unir (vt)	**verenig**	[ferenəχ]
vender (vt)	**verkoop**	[ferkoəp]
ver (vt)	**sien**	[sin]
virar (~ para a direita)	**draai**	[drãi]
voar (vi)	**vlieg**	[fliχ]

TEMPO. CALENDÁRIO

17. Dias da semana

segunda-feira (f)	Maandag	[mãndax]
terça-feira (f)	Dinsdag	[dinsdax]
quarta-feira (f)	Woensdag	[voɛŋsdax]
quinta-feira (f)	Donderdag	[dondərdax]
sexta-feira (f)	Vrydag	[frajdax]
sábado (m)	Saterdag	[satərdax]
domingo (m)	Sondag	[sondax]
hoje	vandag	[fandax]
amanhã	môre	[mɔrə]
depois de amanhã	oormôre	[oərmɔrə]
ontem	gister	[xistər]
anteontem	eergister	[eərxistər]
dia (m)	dag	[dax]
dia (m) de trabalho	werksdag	[verks·dax]
feriado (m)	openbare vakansiedag	[openbarə fakaŋsi·dax]
dia (m) de folga	verlofdag	[ferlofdax]
fim (m) de semana	naweek	[naveək]
o dia todo	die hele dag	[di helə dax]
no dia seguinte	die volgende dag	[di folxendə dax]
há dois dias	twee dae gelede	[tweə daə xeledə]
na véspera	die dag voor	[di dax foər]
diário (adj)	daeliks	[daəliks]
todos os dias	elke dag	[ɛlkə dax]
semana (f)	week	[veək]
na semana passada	laas week	[lãs veək]
semana que vem	volgende week	[folxendə veək]
semanal (adj)	weekliks	[veəkliks]
toda semana	weekliks	[veəkliks]
toda terça-feira	elke Dinsdag	[ɛlkə dinsdax]

18. Horas. Dia e noite

manhã (f)	oggend	[oxent]
de manhã	soggens	[soxɛŋs]
meio-dia (m)	middag	[middax]
à tarde	in die namiddag	[in di namiddax]
tardinha (f)	aand	[ãnt]
à tardinha	saans	[sãŋs]
noite (f)	nag	[nax]

à noite	snags	[snaχs]
meia-noite (f)	middernag	[middərnaχ]

segundo (m)	sekonde	[sekondə]
minuto (m)	minuut	[minɪt]
hora (f)	uur	[ɪr]
meia hora (f)	n halfuur	[n halfɪr]
quinze minutos	vyftien minute	[fajftin minutə]
vinte e quatro horas	24 ure	[fir-en-twintəχ urə]

nascer (m) do sol	sonop	[son·op]
amanhecer (m)	daeraad	[daerāt]
madrugada (f)	elke oggend	[ɛlkə oχent]
pôr-do-sol (m)	sononder	[son·ondər]

de madrugada	vroegdag	[fruχdaχ]
esta manhã	vanmôre	[fanmɔrə]
amanhã de manhã	môreoggend	[mɔrə·oχent]

esta tarde	vanmiddag	[fanmiddaχ]
à tarde	in die namiddag	[in di namiddaχ]
amanhã à tarde	môremiddag	[mɔrə·middaχ]

esta noite, hoje à noite	vanaand	[fanānt]
amanhã à noite	môreaand	[mɔrə·ānt]

às três horas em ponto	klokslag 3 uur	[klokslaχ dri ɪr]
por volta das quatro	omstreeks 4 uur	[omstreeks fir ɪr]
às doze	teen 12 uur	[teən twalf ɪr]

em vinte minutos	oor twintig minute	[oər twintəχ minutə]
a tempo	betyds	[betajds]

... um quarto para	kwart voor ...	[kwart foər ...]
a cada quinze minutos	elke 15 minute	[ɛlkə fajftin minutə]
as vinte e quatro horas	24 uur per dag	[fir-en-twintəχ pər daχ]

19. Meses. Estações

janeiro (m)	Januarie	[januari]
fevereiro (m)	Februarie	[februari]
março (m)	Maart	[mārt]
abril (m)	April	[april]
maio (m)	Mei	[mæj]
junho (m)	Junie	[juni]

julho (m)	Julie	[juli]
agosto (m)	Augustus	[ɔuχustus]
setembro (m)	September	[septembər]
outubro (m)	Oktober	[oktobər]
novembro (m)	November	[nofembər]
dezembro (m)	Desember	[desembər]
primavera (f)	lente	[lentə]
na primavera	in die lente	[in di lentə]

primaveril (adj)	lente-	[lente-]
verão (m)	somer	[somər]
no verão	in die somer	[in di somər]
de verão	somerse	[somərsə]

outono (m)	herfs	[herfs]
no outono	in die herfs	[in di herfs]
outonal (adj)	herfsagtige	[herfsaχtiχə]

inverno (m)	winter	[vintər]
no inverno	in die winter	[in di vintər]
de inverno	winter-	[vintər-]

mês (m)	maand	[mānt]
este mês	hierdie maand	[hirdi mānt]
mês que vem	volgende maand	[folχendə mānt]
no mês passado	laasmaand	[lāsmānt]

| em dois meses | oor twe maande | [oər twe māndə] |
| todo o mês | die hele maand | [di helə mānt] |

mensal (adj)	maandeliks	[māndəliks]
mensalmente	maandeliks	[māndəliks]
todo mês	elke maand	[ɛlkə mānt]

ano (m)	jaar	[jār]
este ano	hierdie jaar	[hirdi jār]
ano que vem	volgende jaar	[folχendə jār]
no ano passado	laasjaar	[lāʃār]

| dentro de dois anos | binne twee jaar | [binnə tweə jār] |
| todo o ano | die hele jaar | [di helə jār] |

cada ano	elke jaar	[ɛlkə jār]
anual (adj)	jaarliks	[jārliks]
anualmente	jaarliks	[jārliks]
quatro vezes por ano	4 keer per jaar	[fir keər pər jār]

data (~ de hoje)	datum	[datum]
data (ex. ~ de nascimento)	datum	[datum]
calendário (m)	kalender	[kalendər]

seis meses	ses maande	[ses māndə]
estação (f)	seisoen	[sæjsun]
século (m)	eeu	[iʊ]

VIAGENS. HOTEL

20. Viagens

turismo (m)	toerisme	[turismə]
turista (m)	toeris	[turis]
viagem (f)	reis	[ræjs]
aventura (f)	avontuur	[afontɪr]
percurso (curta viagem)	reis	[ræjs]

férias (f pl)	vakansie	[fakaŋsi]
estar de férias	met vakansie wees	[met fakaŋsi veəs]
descanso (m)	rus	[rus]

trem (m)	trein	[træjn]
de trem (chegar ~)	per trein	[pər træjn]
avião (m)	vliegtuig	[fliχtœiχ]
de avião	per vliegtuig	[pər fliχtœiχ]
de carro	per motor	[pər motor]
de navio	per skip	[pər skip]

bagagem (f)	bagasie	[baχasi]
mala (f)	tas	[tas]
carrinho (m)	bagasiekarretjie	[baχasi·karrəki]

passaporte (m)	paspoort	[paspoərt]
visto (m)	visum	[fisum]
passagem (f)	kaartjie	[kãrki]
passagem (f) aérea	lugkaartjie	[luχ·kãrki]

guia (m) de viagem	reisgids	[ræjsχids]
mapa (m)	kaart	[kãrt]
área (f)	gebied	[χebit]
lugar (m)	plek	[plek]

exotismo (m)	eksotiese dinge	[ɛksotisə diŋə]
exótico (adj)	eksoties	[ɛksotis]
surpreendente (adj)	verbasend	[ferbasent]

grupo (m)	groep	[χrup]
excursão (f)	uitstappie	[œitstappi]
guia (m)	gids	[χids]

21. Hotel

hospedaria (f)	hotel	[hotəl]
motel (m)	motel	[motəl]
três estrelas	drie-ster	[dri-stər]

cinco estrelas	**vyf-ster**	[fajf-stər]
ficar (vi, vt)	**oornag**	[oərnaχ]

quarto (m)	**kamer**	[kamər]
quarto (m) individual	**enkelkamer**	[ɛnkəl·kamər]
quarto (m) duplo	**dubbelkamer**	[dubbəl·kamər]

meia pensão (f)	**met aandete, bed en ontbyt**	[met ãndetə], [bet en ontbajt]
pensão (f) completa	**volle losies**	[follə losis]

com banheira	**met bad**	[met bat]
com chuveiro	**met stortbad**	[met stort·bat]
televisão (m) por satélite	**satelliet-TV**	[satɛllit-te·fe]
ar (m) condicionado	**lugversorger**	[luχfersorχər]
toalha (f)	**handdoek**	[handduk]
chave (f)	**sleutel**	[sløətəl]

administrador (m)	**bestuurder**	[bestɪrdər]
camareira (f)	**kamermeisie**	[kamər·mæjsi]
bagageiro (m)	**hoteljoggie**	[hotəl·joχi]
porteiro (m)	**portier**	[portir]

restaurante (m)	**restaurant**	[restɔurant]
bar (m)	**kroeg**	[kruχ]
café (m) da manhã	**ontbyt**	[ontbajt]
jantar (m)	**aandete**	[ãndetə]
bufê (m)	**buffetete**	[buffetetə]

saguão (m)	**voorportaal**	[foər·portãl]
elevador (m)	**hysbak**	[hajsbak]

NÃO PERTURBE	**MOENIE STEUR NIE**	[muni støər ni]
PROIBIDO FUMAR!	**ROOK VERBODE**	[roək ferbodə]

22. Turismo

monumento (m)	**monument**	[monument]
fortaleza (f)	**fort**	[fort]
palácio (m)	**paleis**	[palæjs]
castelo (m)	**kasteel**	[kasteəl]
torre (f)	**toring**	[toriŋ]
mausoléu (m)	**mausoleum**	[mɔusoløəm]

arquitetura (f)	**argitektuur**	[arχitektɪr]
medieval (adj)	**Middeleeus**	[middeliʊs]
antigo (adj)	**oud**	[æʊt]
nacional (adj)	**nasionaal**	[naʃionãl]
famoso, conhecido (adj)	**bekend**	[bekent]

turista (m)	**toeris**	[turis]
guia (pessoa)	**gids**	[χids]
excursão (f)	**uitstappie**	[œitstappi]
mostrar (vt)	**wys**	[vajs]
contar (vt)	**vertel**	[fertəl]

encontrar (vt)	vind	[fint]
perder-se (vr)	verdwaal	[ferdwāl]
mapa (~ do metrô)	kaart	[kārt]
mapa (~ da cidade)	kaart	[kārt]

lembrança (f), presente (m)	aandenking	[āndenkiŋ]
loja (f) de presentes	geskenkwinkel	[xeskɛnk·vinkəl]
tirar fotos, fotografar	fotografeer	[fotoχrafeer]
fotografar-se (vr)	jou portret laat maak	[jæʊ portret lāt māk]

TRANSPORTES

23. Aeroporto

aeroporto (m)	lughawe	[luχhavə]
avião (m)	vliegtuig	[fliχtœiχ]
companhia (f) aérea	lugredery	[luχrederaj]
controlador (m) de tráfego aéreo	lugverkeersleier	[luχ·ferkeərs·læjer]
partida (f)	vertrek	[fertrek]
chegada (f)	aankoms	[ānkoms]
chegar (vi)	aankom	[ānkom]
hora (f) de partida	vertrektyd	[fertrək·tajt]
hora (f) de chegada	aankomstyd	[ānkoms·tajt]
estar atrasado	vertraag wees	[fertrāχ veəs]
atraso (m) de voo	vlugvertraging	[fluχ·fertraχiŋ]
painel (m) de informação	informasiebord	[informasi·bort]
informação (f)	informasie	[informasi]
anunciar (vt)	aankondig	[ānkondəχ]
voo (m)	vlug	[fluχ]
alfândega (f)	doeane	[duanə]
funcionário (m) da alfândega	doeanebeampte	[duanə·beamptə]
declaração (f) alfandegária	doeaneverklaring	[duanə·ferklariŋ]
preencher (vt)	invul	[inful]
controle (m) de passaporte	paspoortkontrole	[paspoərt·kontrolə]
bagagem (f)	bagasie	[baχasi]
bagagem (f) de mão	handbagasie	[hand·baχasi]
carrinho (m)	bagasiekarretjie	[baχasi·karrəki]
pouso (m)	landing	[landiŋ]
pista (f) de pouso	landingsbaan	[landiŋs·bān]
aterrissar (vi)	land	[lant]
escada (f) de avião	vliegtuigtrap	[fliχtœiχ·trap]
check-in (m)	na die vertrektoonbank	[na di fertrək·toənbank]
balcão (m) do check-in	vertrektoonbank	[fertrək·toənbank]
fazer o check-in	na die vertrektoonbank gaan	[na di fertrək·toənbank χān]
cartão (m) de embarque	instapkaart	[instap·kārt]
portão (m) de embarque	vertrekuitgang	[fertrek·œitχaŋ]
trânsito (m)	transito	[traŋsito]
esperar (vi, vt)	wag	[vaχ]

sala (f) de espera	vertreksaal	[fertrək·sāl]
despedir-se (acompanhar)	afsien	[afsin]
despedir-se (dizer adeus)	afskeid neem	[afskæjt neəm]

24. Avião

avião (m)	vliegtuig	[fliχtœiχ]
passagem (f) aérea	lugkaartjie	[luχ·kārki]
companhia (f) aérea	lugredery	[luχrederaj]
aeroporto (m)	lughawe	[luχhavə]
supersônico (adj)	supersonies	[supersonis]
comandante (m) do avião	kaptein	[kaptæjn]
tripulação (f)	bemanning	[bemanniŋ]
piloto (m)	piloot	[piloət]
aeromoça (f)	lugwaardin	[luχ·wārdin]
copiloto (m)	navigator	[nafiχator]
asas (f pl)	vlerke	[flerkə]
cauda (f)	stert	[stert]
cabine (f)	stuurkajuit	[stɪr·kajœit]
motor (m)	enjin	[ɛnʤin]
trem (m) de pouso	landingstel	[landiŋ·stəl]
turbina (f)	turbine	[turbinə]
hélice (f)	skroef	[skruf]
caixa-preta (f)	swart boks	[swart boks]
coluna (f) de controle	stuurstang	[stɪr·staŋ]
combustível (m)	brandstof	[brantstof]
instruções (f pl) de segurança	veiligheidskaart	[fæjliχæjts·kārt]
máscara (f) de oxigênio	suurstofmasker	[sɪrstof·maskər]
uniforme (m)	uniform	[uniform]
colete (m) salva-vidas	reddingsbaadjie	[rɛddiŋs·bāʤi]
paraquedas (m)	valskerm	[fal·skerm]
decolagem (f)	opstyging	[opstajχiŋ]
descolar (vi)	opstyg	[opstajχ]
pista (f) de decolagem	landingsbaan	[landiŋs·bān]
visibilidade (f)	uitsig	[œitsəχ]
voo (m)	vlug	[fluχ]
altura (f)	hoogte	[hoəχtə]
poço (m) de ar	lugsak	[luχsak]
assento (m)	sitplek	[sitplek]
fone (m) de ouvido	koptelefoon	[kop·telefoən]
mesa (f) retrátil	voutafeltjie	[fæu·tafɛlki]
janela (f)	vliegtuigvenster	[fliχtœiχ·fɛŋstər]
corredor (m)	paadjie	[pādʒi]

25. Comboio

trem (m)	trein	[træjn]
trem (m) elétrico	voorstedelike trein	[foərstedelikə træjn]
trem (m)	sneltrein	[snɛl·træjn]
locomotiva (f) diesel	diesellokomotief	[disəl·lokomotif]
locomotiva (f) a vapor	stoomlokomotief	[stoəm·lokomotif]
vagão (f) de passageiros	passasierswa	[passasirs·wa]
vagão-restaurante (m)	eetwa	[eət·wa]
carris (m pl)	spoorstawe	[spoər·stavə]
estrada (f) de ferro	spoorweg	[spoər·weχ]
travessa (f)	dwarslêer	[dwarslɛər]
plataforma (f)	perron	[perron]
linha (f)	spoor	[spoər]
semáforo (m)	semafoor	[semafoər]
estação (f)	stasie	[stasi]
maquinista (m)	treindrywer	[træjn·drajvər]
bagageiro (m)	portier	[portir]
hospedeiro, -a (m, f)	kondukteur	[konduktøər]
passageiro (m)	passasier	[passasir]
revisor (m)	kondukteur	[konduktøər]
corredor (m)	gang	[χaŋ]
freio (m) de emergência	noodrem	[noədrem]
compartimento (m)	kompartiment	[kompartiment]
cama (f)	bed	[bet]
cama (f) de cima	boonste bed	[boəŋstə bet]
cama (f) de baixo	onderste bed	[ondərstə bet]
roupa (f) de cama	beddegoed	[beddə·χut]
passagem (f)	kaartjie	[kārki]
horário (m)	diensrooster	[diŋs·roəstər]
painel (m) de informação	informasiebord	[informasi·bort]
partir (vt)	vertrek	[fertrek]
partida (f)	vertrek	[fertrek]
chegar (vi)	aankom	[ānkom]
chegada (f)	aankoms	[ānkoms]
chegar de trem	aankom per trein	[ānkom pər træjn]
pegar o trem	in die trein klim	[in di træjn klim]
descer de trem	uit die trein klim	[œit di træjn klim]
acidente (m) ferroviário	treinbotsing	[træjn·botsiŋ]
descarrilar (vi)	ontspoor	[ontspoər]
locomotiva (f) a vapor	stoomlokomotief	[stoəm·lokomotif]
foguista (m)	stoker	[stokər]
fornalha (f)	stookplek	[stoəkplek]
carvão (m)	steenkool	[steən·koəl]

26. Barco

navio (m)	skip	[skip]
embarcação (f)	vaartuig	[fãrtœix]

barco (m) a vapor	stoomboot	[stoəm·boət]
barco (m) fluvial	rivierboot	[rifir·boət]
transatlântico (m)	toerskip	[tur·skip]
cruzeiro (m)	kruiser	[krœisər]

iate (m)	jag	[jax]
rebocador (m)	sleepboot	[sleəp·boət]
barcaça (f)	vragskuit	[frax·skœit]
ferry (m)	veerboot	[feər·boət]

veleiro (m)	seilskip	[sæjl·skip]
bergantim (m)	skoenerbrik	[skunər·brik]

quebra-gelo (m)	ysbreker	[ajs·brekər]
submarino (m)	duikboot	[dœik·boət]

bote, barco (m)	roeiboot	[ruiboət]
baleeira (bote salva-vidas)	bootjie	[boəki]
bote (m) salva-vidas	reddingsboot	[rɛddiŋs·boət]
lancha (f)	motorboot	[motor·boət]

capitão (m)	kaptein	[kaptæjn]
marinheiro (m)	seeman	[seəman]
marujo (m)	matroos	[matroəs]
tripulação (f)	bemanning	[bemanniŋ]

contramestre (m)	bootsman	[boətsman]
grumete (m)	skeepsjonge	[skeəps·joŋə]
cozinheiro (m) de bordo	kok	[kok]
médico (m) de bordo	skeepsdokter	[skeəps·doktər]

convés (m)	dek	[dek]
mastro (m)	mas	[mas]
vela (f)	seil	[sæjl]

porão (m)	skeepsruim	[skeəps·rœim]
proa (f)	boeg	[bux]
popa (f)	agterstewe	[axtərstevə]
remo (m)	roeispaan	[ruis·pãn]
hélice (f)	skroef	[skruf]

cabine (m)	kajuit	[kajœit]
sala (f) dos oficiais	offisierskajuit	[offisirs·kajœit]
sala (f) das máquinas	enjinkamer	[ɛndʒin·kamər]
ponte (m) de comando	brug	[brux]
sala (f) de comunicações	radiokamer	[radio·kamər]
onda (f)	golf	[xolf]
diário (m) de bordo	logboek	[loxbuk]
luneta (f)	verkyker	[ferkajkər]
sino (m)	bel	[bəl]

bandeira (f)	**vlag**	[flaχ]
cabo (m)	**kabel**	[kabəl]
nó (m)	**knoop**	[knoəp]

corrimão (m)	**dekleuning**	[dek·løəniŋ]
prancha (f) de embarque	**gangplank**	[χaŋ·plank]

âncora (f)	**anker**	[ankər]
recolher a âncora	**anker lig**	[ankər ləχ]
jogar a âncora	**anker uitgooi**	[ankər œitχoj]
amarra (corrente de âncora)	**ankerketting**	[ankər·kɛttiŋ]

porto (m)	**hawe**	[havə]
cais, amarradouro (m)	**kaai**	[kãi]
atracar (vi)	**vasmeer**	[fasmeər]
desatracar (vi)	**vertrek**	[fertrek]

viagem (f)	**reis**	[ræjs]
cruzeiro (m)	**cruise**	[kru:s]
rumo (m)	**koers**	[kurs]
itinerário (m)	**roete**	[rutə]

canal (m) de navegação	**vaarwater**	[fãr·vatər]
banco (m) de areia	**sandbank**	[sand·bank]
encalhar (vt)	**strand**	[strant]

tempestade (f)	**storm**	[storm]
sinal (m)	**sienjaal**	[sinjãl]
afundar-se (vr)	**sink**	[sink]
Homem ao mar!	**Man oorboord!**	[man oərboərd!]
SOS	**SOS**	[sos]
boia (f) salva-vidas	**reddingsboei**	[rɛddiŋs·bui]

CIDADE

27. Transportes urbanos

ônibus (m)	bus	[bus]
bonde (m) elétrico	trem	[trem]
trólebus (m)	trembus	[trembus]
rota (f), itinerário (m)	busroete	[bus·rutə]
número (m)	nommer	[nommər]
ir de ... (carro, etc.)	ry per ...	[raj pər ...]
entrar no ...	inklim	[inklim]
descer do ...	uitklim ...	[œitklim ...]
parada (f)	halte	[haltə]
próxima parada (f)	volgende halte	[folχendə haltə]
terminal (m)	eindpunt	[æjnd·punt]
horário (m)	diensrooster	[diŋs·roəstər]
esperar (vt)	wag	[vaχ]
passagem (f)	kaartjie	[kãrki]
tarifa (f)	reistarief	[ræjs·tarif]
bilheteiro (m)	kaartjieverkoper	[kãrki·ferkopər]
controle (m) de passagens	kaartjiekontrole	[kãrki·kontrolə]
revisor (m)	kontroleur	[kontroløər]
atrasar-se (vr)	laat wees	[lãt veəs]
perder (o autocarro, etc.)	mis	[mis]
estar com pressa	haastig wees	[hãstəχ veəs]
táxi (m)	taxi	[taksi]
taxista (m)	taxibestuurder	[taksi·bestɪrdər]
de táxi (ir ~)	per taxi	[pər taksi]
ponto (m) de táxis	taxistaanplek	[taksi·stãnplek]
tráfego (m)	verkeer	[ferkeər]
engarrafamento (m)	verkeersknoop	[ferkeərs·knoəp]
horas (f pl) de pico	spitsuur	[spits·ɪr]
estacionar (vi)	parkeer	[parkeər]
estacionar (vt)	parkeer	[parkeər]
parque (m) de estacionamento	parkeerterrein	[parkeər·terræjn]
metrô (m)	metro	[metro]
estação (f)	stasie	[stasi]
ir de metrô	die metro vat	[di metro fat]
trem (m)	trein	[træjn]
estação (f) de trem	treinstasie	[træjn·stasi]

28. Cidade. Vida na cidade

cidade (f)	stad	[stat]
capital (f)	hoofstad	[hoəf·stat]
aldeia (f)	dorp	[dorp]

mapa (m) da cidade	stadskaart	[stats·kãrt]
centro (m) da cidade	sentrum	[sentrum]
subúrbio (m)	voorstad	[foərstat]
suburbano (adj)	voorstedelik	[foərstedelik]

periferia (f)	buitewyke	[bœitəvajkə]
arredores (m pl)	omgewing	[omχeviŋ]
quarteirão (m)	stadswyk	[stats·wajk]
quarteirão (m) residencial	woonbuurt	[voənbɪrt]

tráfego (m)	verkeer	[ferkeər]
semáforo (m)	robot	[robot]
transporte (m) público	openbare vervoer	[openbarə ferfur]
cruzamento (m)	kruispunt	[krœis·punt]

faixa (f)	sebraoorgang	[sebra·oərχaŋ]
túnel (m) subterrâneo	voetgangertonnel	[futχaŋər·tonnəl]
cruzar, atravessar (vt)	oorsteek	[oərsteək]
pedestre (m)	voetganger	[futχaŋər]
calçada (f)	sypaadjie	[saj·pãdʒi]

ponte (f)	brug	[bruχ]
margem (f) do rio	wal	[val]
fonte (f)	fontein	[fontæjn]

alameda (f)	laning	[laniŋ]
parque (m)	park	[park]
bulevar (m)	boulevard	[bulefar]
praça (f)	plein	[plæjn]
avenida (f)	laan	[lãn]
rua (f)	straat	[strãt]
travessa (f)	systraat	[saj·strãt]
beco (m) sem saída	doodloopstraat	[doədloəp·strãt]

casa (f)	huis	[hœis]
edifício, prédio (m)	gebou	[χebæʋ]
arranha-céu (m)	wolkekrabber	[volkə·krabbər]

fachada (f)	gewel	[χevəl]
telhado (m)	dak	[dak]
janela (f)	venster	[fɛŋstər]
arco (m)	arkade	[arkadə]
coluna (f)	kolom	[kolom]
esquina (f)	hoek	[huk]

vitrine (f)	uitstalraam	[œitstalrãm]
letreiro (m)	reklamebord	[rɛklamə·bort]
cartaz (do filme, etc.)	plakkaat	[plakkãt]
cartaz (m) publicitário	reklameplakkaat	[rɛklamə·plakkãt]

painel (m) publicitário	aanplakbord	[ānplakbort]
lixo (m)	vullis	[fullis]
lata (f) de lixo	vullisbak	[fullis·bak]
jogar lixo na rua	rommel strooi	[rommel stroj]
aterro (m) sanitário	vullishoop	[fullis·hoəp]
orelhão (m)	telefoonhokkie	[telefoən·hokki]
poste (m) de luz	lamppaal	[lamp·pāl]
banco (m)	bank	[bank]
polícia (m)	polisieman	[polisi·man]
polícia (instituição)	polisie	[polisi]
mendigo, pedinte (m)	bedelaar	[bedelār]
desabrigado (m)	daklose	[daklosə]

29. Instituições urbanas

loja (f)	winkel	[vinkəl]
drogaria (f)	apteek	[apteək]
ótica (f)	optisiën	[optisiɛn]
centro (m) comercial	winkelsentrum	[vinkəl·sentrum]
supermercado (m)	supermark	[supermark]
padaria (f)	bakkery	[bakkeraj]
padeiro (m)	bakker	[bakkər]
pastelaria (f)	banketbakkery	[banket·bakkeraj]
mercearia (f)	kruidenierswinkel	[krœidenirs·vinkəl]
açougue (m)	slagter	[slaχtər]
fruteira (f)	groentewinkel	[χruntə·vinkəl]
mercado (m)	mark	[mark]
cafeteria (f)	koffiekroeg	[koffi·kruχ]
restaurante (m)	restaurant	[restɔurant]
bar (m)	kroeg	[kruχ]
pizzaria (f)	pizzeria	[pizzeria]
salão (m) de cabeleireiro	haarsalon	[hār·salon]
agência (f) dos correios	poskantoor	[pos·kantoər]
lavanderia (f)	droogskoonmakers	[droəχ·skoən·makers]
estúdio (m) fotográfico	fotostudio	[foto·studio]
sapataria (f)	skoenwinkel	[skun·vinkəl]
livraria (f)	boekhandel	[buk·handəl]
loja (f) de artigos esportivos	sportwinkel	[sport·vinkəl]
costureira (m)	klereherstelwinkel	[klerə·herstəl·vinkəl]
aluguel (m) de roupa	klereverhuurwinkel	[klerə·ferhɪr·vinkəl]
videolocadora (f)	videowinkel	[video·vinkəl]
circo (m)	sirkus	[sirkus]
jardim (m) zoológico	dieretuin	[dirə·tœin]
cinema (m)	bioskoop	[bioskoəp]
museu (m)	museum	[musøəm]

biblioteca (f)	biblioteek	[biblioteək]
teatro (m)	teater	[teatər]
ópera (f)	opera	[opera]
boate (casa noturna)	nagklub	[naχ·klup]
cassino (m)	kasino	[kasino]

mesquita (f)	moskee	[moskeə]
sinagoga (f)	sinagoge	[sinaχoχə]
catedral (f)	katedraal	[katedrãl]
templo (m)	tempel	[tempəl]
igreja (f)	kerk	[kerk]

faculdade (f)	kollege	[kolledʒ]
universidade (f)	universiteit	[unifersitæjt]
escola (f)	skool	[skoəl]

prefeitura (f)	stadhuis	[stat·hœis]
câmara (f) municipal	stadhuis	[stat·hœis]
hotel (m)	hotel	[hotəl]
banco (m)	bank	[bank]

embaixada (f)	ambassade	[ambassadə]
agência (f) de viagens	reisagentskap	[ræjs·aχentskap]
agência (f) de informações	inligtingskantoor	[inliχtiŋs·kantoər]
casa (f) de câmbio	wisselkantoor	[vissəl·kantoər]

| metrô (m) | metro | [metro] |
| hospital (m) | hospitaal | [hospitãl] |

| posto (m) de gasolina | petrolstasie | [petrol·stasi] |
| parque (m) de estacionamento | parkeerterrein | [parkeər·terræjn] |

30. Sinais

letreiro (m)	reklamebord	[reklamə·bort]
aviso (m)	kennisgewing	[kɛnnis·χeviŋ]
cartaz, pôster (m)	plakkaat	[plakkãt]
placa (f) de direção	rigtingwyser	[riχtiŋ·wajsər]
seta (f)	pyl	[pajl]

aviso (advertência)	waarskuwing	[vãrskuviŋ]
sinal (m) de aviso	waarskuwingsbord	[vãrskuviŋs·bort]
avisar, advertir (vt)	waarsku	[vãrsku]

dia (m) de folga	rusdag	[rusdaχ]
horário (~ dos trens, etc.)	diensrooster	[diŋs·roəstər]
horário (m)	besigheidsure	[besiχæjts·urə]

BEM-VINDOS!	WELKOM!	[vɛlkom!]
ENTRADA	INGANG	[inχaŋ]
SAÍDA	UITGANG	[œitχaŋ]

| EMPURRE | STOOT | [stoət] |
| PUXE | TREK | [trek] |

| ABERTO | OOP | [oəp] |
| FECHADO | GESLUIT | [χeslœit] |

| MULHER | DAMES | [dames] |
| HOMEM | MANS | [maŋs] |

DESCONTOS	AFSLAG	[afslaχ]
SALDOS, PROMOÇÃO	UITVERKOPING	[œitferkopiŋ]
NOVIDADE!	NUUT!	[nɪt!]
GRÁTIS	GRATIS	[χratis]

ATENÇÃO!	PAS OP!	[pas op!]
NÃO HÁ VAGAS	VOLBESPREEK	[folbespreək]
RESERVADO	BESPREEK	[bespreək]

ADMINISTRAÇÃO	ADMINISTRASIE	[administrasi]
SOMENTE PESSOAL	SLEGS PERSONEEL	[sleχs personeəl]
AUTORIZADO		

CUIDADO CÃO FEROZ	PAS OP VIR DIE HOND!	[pas op fir di hont!]
PROIBIDO FUMAR!	ROOK VERBODE	[roək ferbodə]
NÃO TOCAR	NIE AANRAAK NIE!	[ni ānrãk ni!]

PERIGOSO	GEVAARLIK	[χefārlik]
PERIGO	GEVAAR	[χefār]
ALTA TENSÃO	HOOGSPANNING	[hoəχ·spanniŋ]
PROIBIDO NADAR	NIE SWEM NIE	[ni swem ni]
COM DEFEITO	BUITE WERKING	[bœitə verkiŋ]

INFLAMÁVEL	ONTVLAMBAAR	[ontflambār]
PROIBIDO	VERBODE	[ferbodə]
ENTRADA PROIBIDA	TOEGANG VERBODE!	[tuχaŋ ferbode!]
CUIDADO TINTA FRESCA	NAT VERF	[nat ferf]

31. Compras

comprar (vt)	koop	[koəp]
compra (f)	aankoop	[ānkoəp]
fazer compras	inkopies doen	[inkopis dun]
compras (f pl)	inkoop	[inkoəp]

| estar aberta (loja) | oop wees | [oəp veəs] |
| estar fechada | toe wees | [tu veəs] |

calçado (m)	skoeisel	[skuisəl]
roupa (f)	klere	[klerə]
cosméticos (m pl)	kosmetika	[kosmetika]
alimentos (m pl)	voedingsware	[fudiŋs·warə]
presente (m)	present	[present]

vendedor (m)	verkoper	[ferkopər]
vendedora (f)	verkoopsdame	[ferkoəps·damə]
caixa (f)	kassier	[kassir]
espelho (m)	spieël	[spiɛl]

balcão (m)	**toonbank**	[toǝn·bank]
provador (m)	**paskamer**	[pas·kamǝr]
provar (vt)	**aanpas**	[ãnpas]
servir (roupa, caber)	**pas**	[pas]
gostar (apreciar)	**hou van**	[hæʊ fan]
preço (m)	**prys**	[prajs]
etiqueta (f) de preço	**pryskaartjie**	[prajs·kãrki]
custar (vt)	**kos**	[kos]
Quanto?	**Hoeveel?**	[hufeǝl?]
desconto (m)	**afslag**	[afslaχ]
não caro (adj)	**billik**	[billik]
barato (adj)	**goedkoop**	[χudkoǝp]
caro (adj)	**duur**	[dɪr]
É caro	**dis duur**	[dis dɪr]
aluguel (m)	**verhuur**	[ferhɪr]
alugar (roupas, etc.)	**verhuur**	[ferhɪr]
crédito (m)	**krediet**	[kredit]
a crédito	**op krediet**	[op kredit]

VESTUÁRIO & ACESSÓRIOS

32. Roupa exterior. Casacos

roupa (f)	klere	[klerə]
roupa (f) exterior	oorklere	[oərklerə]
roupa (f) de inverno	winterklere	[vintər·klerə]

sobretudo (m)	jas	[jas]
casaco (m) de pele	pelsjas	[pelʃas]
jaqueta (f) de pele	kort pelsjas	[kort pelʃas]
casaco (m) acolchoado	donsjas	[donʃas]

casaco (m), jaqueta (f)	baadjie	[bādʒi]
impermeável (m)	reënjas	[rɛnjas]
a prova d'água	waterdig	[vatərdəχ]

33. Vestuário de homem & mulher

camisa (f)	hemp	[hemp]
calça (f)	broek	[bruk]
jeans (m)	denimbroek	[denim·bruk]
paletó, terno (m)	baadjie	[bādʒi]
terno (m)	pak	[pak]

vestido (ex. ~ de noiva)	rok	[rok]
saia (f)	romp	[romp]
blusa (f)	bloes	[blus]
casaco (m) de malha	gebreide baadjie	[χebræjdə bādʒi]
casaco, blazer (m)	baadjie	[bādʒi]

camiseta (f)	T-hemp	[te-hemp]
short (m)	kortbroek	[kort·bruk]
training (m)	sweetpak	[sweət·pak]
roupão (m) de banho	badjas	[batjas]
pijama (m)	pajama	[pajama]

suéter (m)	trui	[trœi]
pulôver (m)	trui	[trœi]

colete (m)	onderbaadjie	[ondər·bādʒi]
fraque (m)	swaelstertbaadjie	[swaɛlstert·bādʒi]
smoking (m)	aandpak	[āntpak]

uniforme (m)	uniform	[uniform]
roupa (f) de trabalho	werksklere	[verks·klerə]
macacão (m)	oorpak	[oərpak]
jaleco (m), bata (f)	jas	[jas]

34. Vestuário. Roupa interior

roupa (f) íntima	**onderklere**	[ondərklerə]
cueca boxer (f)	**onderbroek**	[ondərbruk]
calcinha (f)	**onderbroek**	[ondərbruk]
camiseta (f)	**frokkie**	[frokki]
meias (f pl)	**sokkies**	[sokkis]
camisola (f)	**nagrok**	[naχrok]
sutiã (m)	**bra**	[bra]
meias longas (f pl)	**kniekouse**	[kni·kæʊsə]
meias-calças (f pl)	**kousbroek**	[kæʊsbruk]
meias (~ de nylon)	**kouse**	[kæʊsə]
maiô (m)	**baaikostuum**	[bãj·kostɪm]

35. Adereços de cabeça

chapéu (m), touca (f)	**hoed**	[hut]
chapéu (m) de feltro	**hoed**	[hut]
boné (m) de beisebol	**bofbalpet**	[bofbal·pet]
boina (~ italiana)	**pet**	[pet]
boina (ex. ~ basca)	**mus**	[mus]
capuz (m)	**kap**	[kap]
chapéu panamá (m)	**panamahoed**	[panama·hut]
touca (f)	**gebreide mus**	[χebræjdə mus]
lenço (m)	**kopdoek**	[kopduk]
chapéu (m) feminino	**dameshoed**	[dames·hut]
capacete (m) de proteção	**veiligheidshelm**	[fæjliχæjts·hɛlm]
bibico (m)	**mus**	[mus]
capacete (m)	**helmet**	[hɛlmet]
chapéu-coco (m)	**bolhoed**	[bolhut]
cartola (f)	**hoëhoed**	[hoɛhut]

36. Calçado

calçado (m)	**skoeisel**	[skuisəl]
botinas (f pl), sapatos (m pl)	**mansskoene**	[maŋs·skunə]
sapatos (de salto alto, etc.)	**damesskoene**	[dames·skunə]
botas (f pl)	**laarse**	[lārsə]
pantufas (f pl)	**pantoffels**	[pantoffəls]
tênis (~ Nike, etc.)	**tennisskoene**	[tɛnnis·skunə]
tênis (~ Converse)	**tekkies**	[tɛkkis]
sandálias (f pl)	**sandale**	[sandalə]
sapateiro (m)	**skoenmaker**	[skun·makər]
salto (m)	**hak**	[hak]

par (m)	paar	[pãr]
cadarço (m)	skoenveter	[skun·fetər]
amarrar os cadarços	ryg	[rajχ]
calçadeira (f)	skoenlepel	[skun·lepəl]
graxa (f) para calçado	skoenpolitoer	[skun·politur]

37. Acessórios pessoais

luva (f)	handskoene	[handskunə]
mitenes (f pl)	duimhandskoene	[dœim·handskunə]
cachecol (m)	serp	[serp]

óculos (m pl)	bril	[bril]
armação (f)	raam	[rãm]
guarda-chuva (m)	sambreel	[sambreəl]
bengala (f)	wandelstok	[vandəl·stok]
escova (f) para o cabelo	haarborsel	[hãr·borsəl]
leque (m)	waaier	[vãjer]

gravata (f)	das	[das]
gravata-borboleta (f)	strikkie	[strikki]
suspensórios (m pl)	kruisbande	[krœis·bandə]
lenço (m)	sakdoek	[sakduk]

pente (m)	kam	[kam]
fivela (f) para cabelo	haarspeld	[hãrs·pɛlt]
grampo (m)	haarpen	[hãr·pen]
fivela (f)	gespe	[χespə]

cinto (m)	belt	[bɛlt]
alça (f) de ombro	skouerband	[skæʋer·bant]

bolsa (f)	handsak	[hand·sak]
bolsa (feminina)	beursie	[bøərsi]
mochila (f)	rugsak	[ruχsak]

38. Vestuário. Diversos

moda (f)	mode	[modə]
na moda (adj)	in die mode	[in di modə]
estilista (m)	modeontwerper	[modə·ontwerpər]

colarinho (m)	kraag	[krãχ]
bolso (m)	sak	[sak]
de bolso	sak-	[sak-]
manga (f)	mou	[mæʋ]
ganchinho (m)	lussie	[lussi]
bragueta (f)	gulp	[χulp]

zíper (m)	ritssluiter	[rits·slœitər]
colchete (m)	vasmaker	[fasmakər]
botão (m)	knoop	[knoəp]

botoeira (casa de botão)	**knoopsgat**	[knoəps·χat]
soltar-se (vr)	**loskom**	[loskom]
costurar (vi)	**naai**	[nãi]
bordar (vt)	**borduur**	[bordɪr]
bordado (m)	**borduurwerk**	[bordɪr·werk]
agulha (f)	**naald**	[nãlt]
fio, linha (f)	**garing**	[χariŋ]
costura (f)	**soom**	[soəm]
sujar-se (vr)	**vuil word**	[fœil vort]
mancha (f)	**vlek**	[flek]
amarrotar-se (vr)	**kreukel**	[krøəkəl]
rasgar (vt)	**skeur**	[skøər]
traça (f)	**mot**	[mot]

39. Cuidados pessoais. Cosméticos

pasta (f) de dente	**tandepasta**	[tandə·pasta]
escova (f) de dente	**tandeborsel**	[tandə·borsəl]
escovar os dentes	**tande borsel**	[tandə borsəl]
gilete (f)	**skeermes**	[skeər·mes]
creme (m) de barbear	**skeerroom**	[skeər·roəm]
barbear-se (vr)	**skeer**	[skeər]
sabonete (m)	**seep**	[seəp]
xampu (m)	**sjampoe**	[ʃampu]
tesoura (f)	**skêr**	[skær]
lixa (f) de unhas	**naelvyl**	[naɛl·fajl]
corta-unhas (m)	**naelknipper**	[naɛl·knippər]
pinça (f)	**haartangetjie**	[hãrtaŋəki]
cosméticos (m pl)	**kosmetika**	[kosmetika]
máscara (f)	**gesigmasker**	[χesiχ·maskər]
manicure (f)	**manikuur**	[manikɪr]
fazer as unhas	**laat manikuur**	[lãt manikɪr]
pedicure (f)	**voetbehandeling**	[fut·behandeliŋ]
bolsa (f) de maquiagem	**kosmetika tassie**	[kosmetika tassi]
pó (de arroz)	**gesigpoeier**	[χesiχ·pujer]
pó (m) compacto	**poeierdosie**	[pujer·dosi]
blush (m)	**blosser**	[blossər]
perfume (m)	**parfuum**	[parfɪm]
água-de-colônia (f)	**reukwater**	[røək·vatər]
loção (f)	**vloeiroom**	[flui·roəm]
colônia (f)	**reukwater**	[røək·vatər]
sombra (f) de olhos	**oogskadu**	[oəχ·skadu]
delineador (m)	**oogomlyner**	[oəχ·omlajnər]
máscara (f), rímel (m)	**maskara**	[maskara]
batom (m)	**lipstiffie**	[lip·stiffi]

esmalte (m)	naellak	[naɛl·lak]
laquê (m), spray fixador (m)	haarsproei	[hãrs·prui]
desodorante (m)	reukweermiddel	[røək·veərmiddəl]

creme (m)	room	[roəm]
creme (m) de rosto	gesigroom	[χesiχ·roəm]
creme (m) de mãos	handroom	[hand·roəm]
creme (m) antirrugas	antirimpelroom	[antirimpəl·roəm]
creme (m) de dia	dagroom	[daχ·roəm]
creme (m) de noite	nagroom	[naχ·roəm]
de dia	dag-	[daχ-]
da noite	nag-	[naχ-]

absorvente (m) interno	tampon	[tampon]
papel (m) higiênico	toiletpapier	[tojlet·papir]
secador (m) de cabelo	haardroër	[hãr·droɛr]

40. Relógios de pulso. Relógios

relógio (m) de pulso	polshorlosie	[pols·horlosi]
mostrador (m)	wyserplaat	[vajsər·plãt]
ponteiro (m)	wyster	[vajstər]
bracelete (em aço)	metaal horlosiebandjie	[metãl horlosi·bandʒi]
bracelete (em couro)	horlosiebandjie	[horlosi·bandʒi]

pilha (f)	battery	[battəraj]
acabar (vi)	pap wees	[pap veəs]
estar adiantado	voorloop	[foərloəp]
estar atrasado	agterloop	[aχtərloəp]

relógio (m) de parede	muurhorlosie	[mɪr·horlosi]
ampulheta (f)	uurglas	[ɪr·χlas]
relógio (m) de sol	sonwyser	[son·wajsər]
despertador (m)	wekker	[vɛkkər]
relojoeiro (m)	horlosiemaker	[horlosi·makər]
reparar (vt)	herstel	[herstəl]

EXPERIÊNCIA DO QUOTIDIANO

41. Dinheiro

dinheiro (m)	geld	[χɛlt]
câmbio (m)	valutaruil	[faluta·rœil]
taxa (f) de câmbio	wisselkoers	[vissəl·kurs]
caixa (m) eletrônico	OTM	[o·te·em]
moeda (f)	muntstuk	[muntstuk]
dólar (m)	dollar	[dollar]
euro (m)	euro	[øəro]
lira (f)	lira	[lira]
marco (m)	Duitse mark	[dœitsə mark]
franco (m)	frank	[frank]
libra (f) esterlina	pond sterling	[pont sterliŋ]
iene (m)	yen	[jɛn]
dívida (f)	skuld	[skult]
devedor (m)	skuldenaar	[skuldenãr]
emprestar (vt)	uitleen	[œitleən]
pedir emprestado	leen	[leən]
banco (m)	bank	[bank]
conta (f)	rekening	[rekəniŋ]
depositar (vt)	deponeer	[deponeər]
sacar (vt)	trek	[trek]
cartão (m) de crédito	kredietkaart	[kredit·kãrt]
dinheiro (m) vivo	kontant	[kontant]
cheque (m)	tjek	[ʧek]
talão (m) de cheques	tjekboek	[ʧek·buk]
carteira (f)	beursie	[bøərsi]
niqueleira (f)	muntstukbeursie	[muntstuk·bøərsi]
cofre (m)	brandkas	[brant·kas]
herdeiro (m)	erfgenaam	[ɛrfχənãm]
herança (f)	erfenis	[ɛrfenis]
fortuna (riqueza)	fortuin	[fortœin]
arrendamento (m)	huur	[hɪr]
aluguel (pagar o ~)	huur	[hɪr]
alugar (vt)	huur	[hɪr]
preço (m)	prys	[prajs]
custo (m)	prys	[prajs]
soma (f)	som	[som]
gastar (vt)	spandeer	[spandeər]

gastos (m pl)	onkoste	[onkostə]
economizar (vi)	besuinig	[besœinəx]
econômico (adj)	ekonomies	[ɛkonomis]

pagar (vt)	betaal	[betãl]
pagamento (m)	betaling	[betaliŋ]
troco (m)	wisselgeld	[vissəl·xɛlt]

imposto (m)	belasting	[belastiŋ]
multa (f)	boete	[butə]
multar (vt)	beboet	[bebut]

42. Correios. Serviço postal

agência (f) dos correios	poskantoor	[pos·kantoər]
correio (m)	pos	[pos]
carteiro (m)	posbode	[pos·bodə]
horário (m)	besigheidsure	[besixæjts·urə]

carta (f)	brief	[brif]
carta (f) registada	geregistreerde brief	[xerexistreerdə brif]
cartão (m) postal	poskaart	[pos·kãrt]
telegrama (m)	telegram	[telexram]
encomenda (f)	pakkie	[pakki]
transferência (f) de dinheiro	geldoorplasing	[xɛld·oərplasiŋ]

receber (vt)	ontvang	[ontfaŋ]
enviar (vt)	stuur	[stɪr]
envio (m)	versending	[fersendiŋ]

endereço (m)	adres	[adres]
código (m) postal	poskode	[pos·kodə]
remetente (m)	sender	[sendər]
destinatário (m)	ontvanger	[ontfaŋər]

| nome (m) | voornaam | [foərnãm] |
| sobrenome (m) | van | [fan] |

tarifa (f)	postarief	[pos·tarif]
ordinário (adj)	standaard	[standãrt]
econômico (adj)	ekonomies	[ɛkonomis]

peso (m)	gewig	[xevəx]
pesar (estabelecer o peso)	weeg	[veəx]
envelope (m)	koevert	[kufert]
selo (m) postal	posseël	[pos·seɛl]

43. Banca

banco (m)	bank	[bank]
balcão (f)	tak	[tak]
consultor (m) bancário	bankklerk	[bank·klerk]

gerente (m)	bestuurder	[bestɪrdər]
conta (f)	bankrekening	[bank·rekəniŋ]
número (m) da conta	rekeningnommer	[rekəniŋ·nommər]
conta (f) corrente	tjekrekening	[tʃek·rekəniŋ]
conta (f) poupança	spaarrekening	[spār·rekəniŋ]

| fechar uma conta | die rekening sluit | [di rekəniŋ slœit] |
| sacar (vt) | trek | [trek] |

depósito (m)	deposito	[deposito]
transferência (f) bancária	telegrafiese oorplasing	[teleχrafisə oərplasiŋ]
transferir (vt)	oorplaas	[oərplās]

| soma (f) | som | [som] |
| Quanto? | Hoeveel? | [hufeəl?] |

| assinatura (f) | handtekening | [hand·tekəniŋ] |
| assinar (vt) | onderteken | [ondərtekən] |

cartão (m) de crédito	kredietkaart	[kredit·kārt]
senha (f)	kode	[kodə]
número (m) do cartão de crédito	kredietkaartnommer	[kredit·kārt·nommər]

| caixa (m) eletrônico | OTM | [o·te·em] |

| cheque (m) | tjek | [tʃek] |
| talão (m) de cheques | tjekboek | [tʃek·buk] |

| empréstimo (m) | lening | [leniŋ] |
| garantia (f) | waarborg | [vārborχ] |

44. Telefone. Conversação telefônica

telefone (m)	telefoon	[telefoən]
celular (m)	selfoon	[sɛlfoən]
secretária (f) eletrônica	antwoordmasjien	[antwoərt·maʃin]

| fazer uma chamada | bel | [bəl] |
| chamada (f) | oproep | [oprup] |

Alô!	Hallo!	[hallo!]
perguntar (vt)	vra	[fra]
responder (vt)	antwoord	[antwoərt]

ouvir (vt)	hoor	[hoər]
bem	goed	[χut]
mal	nie goed nie	[ni χut ni]
ruído (m)	steurings	[støəriŋs]

fone (m)	gehoorstuk	[χehoərstuk]
pegar o telefone	optel	[optəl]
desligar (vi)	afskakel	[afskakəl]
ocupado (adj)	besig	[besəχ]
tocar (vi)	lui	[lœi]

lista (f) telefônica	telefoongids	[telefoən·χids]
local (adj)	lokale	[lokalə]
chamada (f) local	lokale oproep	[lokalə oprup]
de longa distância	langafstand	[lanχ·afstant]
chamada (f) de longa distância	langafstand oproep	[lanχ·afstant oprup]
internacional (adj)	internasionale	[internaʃionalə]
chamada (f) internacional	internasionale oproep	[internaʃionalə oprup]

45. Telefone móvel

celular (m)	selfoon	[sɛlfoən]
tela (f)	skerm	[skerm]
botão (m)	knoppie	[knoppi]
cartão SIM (m)	SIMkaart	[sim·kãrt]
bateria (f)	battery	[battəraj]
descarregar-se (vr)	pap wees	[pap veəs]
carregador (m)	batterylaaier	[battəraj·lajer]
menu (m)	spyskaart	[spajs·kãrt]
configurações (f pl)	instellings	[instɛlliŋs]
melodia (f)	wysie	[vajsi]
escolher (vt)	kies	[kis]
calculadora (f)	sakrekenaar	[sakrekənãr]
correio (m) de voz	stempos	[stem·pos]
despertador (m)	wekker	[vɛkkər]
contatos (m pl)	kontakte	[kontaktə]
mensagem (f) de texto	SMS	[es·em·es]
assinante (m)	intekenaar	[intekənãr]

46. Estacionário

caneta (f)	bolpen	[bol·pen]
caneta (f) tinteiro	vulpen	[ful·pen]
lápis (m)	potlood	[potloət]
marcador (m) de texto	merkpen	[merk·pen]
caneta (f) hidrográfica	viltpen	[filt·pen]
bloco (m) de notas	notaboekie	[nota·buki]
agenda (f)	dagboek	[daχ·buk]
régua (f)	liniaal	[liniãl]
calculadora (f)	sakrekenaar	[sakrekənãr]
borracha (f)	uitveër	[œitfeɛr]
alfinete (m)	duimspyker	[dœim·spajkər]
clipe (m)	skuifspeld	[skœif·spɛlt]
cola (f)	gom	[χom]
grampeador (m)	krammasjien	[kram·maʃin]

| furador (m) de papel | ponsmasjien | [pɔŋs·maʃin] |
| apontador (m) | skerpmaker | [skerp·makər] |

47. Línguas estrangeiras

língua (f)	taal	[tāl]
estrangeiro (adj)	vreemd	[freəmt]
língua (f) estrangeira	vreemde taal	[freəmdə tāl]
estudar (vt)	studeer	[studeər]
aprender (vt)	leer	[leər]

ler (vt)	lees	[leəs]
falar (vi)	praat	[prāt]
entender (vt)	verstaan	[ferstān]
escrever (vt)	skryf	[skrajf]

rapidamente	vinnig	[finnəχ]
devagar, lentamente	stadig	[stadəχ]
fluentemente	vlot	[flot]

regras (f pl)	reëls	[reɛls]
gramática (f)	grammatika	[χrammatika]
vocabulário (m)	woordeskat	[voərdeskat]
fonética (f)	fonetika	[fonetika]

livro (m) didático	handboek	[hand·buk]
dicionário (m)	woordeboek	[voərdə·buk]
manual (m) autodidático	selfstudie boek	[sɛlfstudi buk]
guia (m) de conversação	taalgids	[tāl·χids]

fita (f) cassete	kasset	[kasset]
videoteipe (m)	videoband	[video·bant]
CD (m)	CD	[se·de]
DVD (m)	DVD	[de·fe·de]

alfabeto (m)	alfabet	[alfabet]
soletrar (vt)	spel	[spel]
pronúncia (f)	uitspraak	[œitsprāk]
sotaque (m)	aksent	[aksent]

| palavra (f) | woord | [voərt] |
| sentido (m) | betekenis | [betekənis] |

curso (m)	kursus	[kursus]
inscrever-se (vr)	inskryf	[inskrajf]
professor (m)	onderwyser	[ondərwajsər]

tradução (processo)	vertaling	[fertaliŋ]
tradução (texto)	vertaling	[fertaliŋ]
tradutor (m)	vertaler	[fertalər]
intérprete (m)	tolk	[tolk]

| poliglota (m) | poliglot | [poliχlot] |
| memória (f) | geheue | [χəhøə] |

REFEIÇÕES. RESTAURANTE

48. Por a mesa

colher (f)	lepel	[lepəl]
faca (f)	mes	[mes]
garfo (m)	vurk	[furk]
xícara (f)	koppie	[koppi]
prato (m)	bord	[bort]
pires (m)	piering	[piriŋ]
guardanapo (m)	servet	[serfət]
palito (m)	tandestokkie	[tandə·stokki]

49. Restaurante

restaurante (m)	restaurant	[restɔurant]
cafeteria (f)	koffiekroeg	[koffi·kruχ]
bar (m), cervejaria (f)	kroeg	[kruχ]
salão (m) de chá	teekamer	[teə·kamər]
garçom (m)	kelner	[kɛlnər]
garçonete (f)	kelnerin	[kɛlnərin]
barman (m)	kroegman	[kruχman]
cardápio (m)	spyskaart	[spajs·kãrt]
lista (f) de vinhos	wyn	[vajn]
reservar uma mesa	wynkaart	[vajn·kãrt]
prato (m)	gereg	[χerəχ]
pedir (vt)	bestel	[bestəl]
fazer o pedido	bestel	[bestəl]
aperitivo (m)	drankie	[dranki]
entrada (f)	voorgereg	[foərχerəχ]
sobremesa (f)	nagereg	[naχerəχ]
conta (f)	rekening	[rekəniŋ]
pagar a conta	die rekening betaal	[di rekəniŋ betãl]
dar o troco	kleingeld gee	[klæjn·χɛlt χeə]
gorjeta (f)	fooitjie	[fojki]

50. Refeições

comida (f)	kos	[kos]
comer (vt)	eet	[eət]

café (m) da manhã	ontbyt	[ontbajt]
tomar café da manhã	ontbyt	[ontbajt]
almoço (m)	middagete	[middaχ·etə]
almoçar (vi)	gaan eet	[χān eet]
jantar (m)	aandete	[āndetə]
jantar (vi)	aandete gebruik	[āndetə χebrœik]
apetite (m)	aptyt	[aptajt]
Bom apetite!	Smaaklike ete!	[smāklikə etə!]
abrir (~ uma lata, etc.)	oopmaak	[oəpmāk]
derramar (~ líquido)	mors	[mors]
derramar-se (vr)	mors	[mors]
ferver (vi)	kook	[koək]
ferver (vt)	kook	[koək]
fervido (adj)	gekook	[χekoək]
esfriar (vt)	laat afkoel	[lāt afkul]
esfriar-se (vr)	afkoel	[afkul]
sabor, gosto (m)	smaak	[smāk]
fim (m) de boca	nasmaak	[nasmāk]
emagrecer (vi)	vermaer	[fermaər]
dieta (f)	dieet	[diət]
vitamina (f)	vitamien	[fitamin]
caloria (f)	kalorie	[kalori]
vegetariano (m)	vegetariër	[feχetariɛr]
vegetariano (adj)	vegetaries	[feχetaris]
gorduras (f pl)	vette	[fɛttə]
proteínas (f pl)	proteïen	[proteïen]
carboidratos (m pl)	koolhidrate	[koəlhidratə]
fatia (~ de limão, etc.)	snytjie	[snajki]
pedaço (~ de bolo)	stuk	[stuk]
migalha (f), farelo (m)	krummel	[krummǝl]

51. Pratos cozinhados

prato (m)	gereg	[χerǝχ]
cozinha (~ portuguesa)	kookkuns	[koǝk·kuns]
receita (f)	resep	[resep]
porção (f)	porsie	[porsi]
salada (f)	slaai	[slāi]
sopa (f)	sop	[sop]
caldo (m)	helder sop	[hɛldǝr sop]
sanduíche (m)	toebroodjie	[tubroǝdʒi]
ovos (m pl) fritos	gabakte eiers	[χabaktǝ æjers]
hambúrguer (m)	hamburger	[hamburχǝr]
bife (m)	biefstuk	[bifstuk]

acompanhamento (m)	sygereg	[saj·χerəχ]
espaguete (m)	spaghetti	[spaχɛtti]
purê (m) de batata	kapokaartappels	[kapok·ārtappəls]
pizza (f)	pizza	[pizza]
mingau (m)	pap	[pap]
omelete (f)	omelet	[oməlet]
fervido (adj)	gekook	[χekoək]
defumado (adj)	gerook	[χeroək]
frito (adj)	gebak	[χebak]
seco (adj)	gedroog	[χedroəχ]
congelado (adj)	gevries	[χefris]
em conserva (adj)	gepiekel	[χepikəl]
doce (adj)	soet	[sut]
salgado (adj)	sout	[sæʊt]
frio (adj)	koud	[kæʊt]
quente (adj)	warm	[varm]
amargo (adj)	bitter	[bittər]
gostoso (adj)	smaaklik	[smāklik]
cozinhar em água fervente	kook in water	[koək in vatər]
preparar (vt)	kook	[koək]
fritar (vt)	braai	[braj]
aquecer (vt)	opwarm	[opwarm]
salgar (vt)	sout	[sæʊt]
apimentar (vt)	peper	[pepər]
ralar (vt)	rasp	[rasp]
casca (f)	skil	[skil]
descascar (vt)	skil	[skil]

52. Comida

carne (f)	vleis	[flæjs]
galinha (f)	hoender	[hundər]
frango (m)	braaikuiken	[brāj·kœiken]
pato (m)	eend	[eent]
ganso (m)	gans	[χaŋs]
caça (f)	wild	[vilt]
peru (m)	kalkoen	[kalkun]
carne (f) de porco	varkvleis	[fark·flæjs]
carne (f) de vitela	kalfsvleis	[kalfs·flæjs]
carne (f) de carneiro	lamsvleis	[lams·flæjs]
carne (f) de vaca	beesvleis	[beəs·flæjs]
carne (f) de coelho	konynvleis	[konajn·flæjs]
linguiça (f), salsichão (m)	wors	[vors]
salsicha (f)	Weense worsie	[veɛŋsə vorsi]
bacon (m)	spek	[spek]
presunto (m)	ham	[ham]
pernil (m) de porco	gerookte ham	[χeroəktə ham]
patê (m)	patee	[pateə]

fígado (m)	lewer	[levər]
guisado (m)	maalvleis	[māl·flæjs]
língua (f)	tong	[toŋ]
ovo (m)	eier	[æejer]
ovos (m pl)	eiers	[æejers]
clara (f) de ovo	eierwit	[æejer·wit]
gema (f) de ovo	dooier	[dojer]
peixe (m)	vis	[fis]
mariscos (m pl)	seekos	[see·kos]
crustáceos (m pl)	skaaldiere	[skāldirə]
caviar (m)	kaviaar	[kafiãr]
caranguejo (m)	krab	[krap]
camarão (m)	garnaal	[χarnāl]
ostra (f)	oester	[ustər]
lagosta (f)	seekreef	[see·kreəf]
polvo (m)	seekat	[see·kat]
lula (f)	pylinkvis	[pajl·inkfis]
esturjão (m)	steur	[støər]
salmão (m)	salm	[salm]
halibute (m)	heilbot	[hæjlbot]
bacalhau (m)	kabeljou	[kabeljæʊ]
cavala, sarda (f)	makriel	[makril]
atum (m)	tuna	[tuna]
enguia (f)	paling	[paliŋ]
truta (f)	forel	[forəl]
sardinha (f)	sardyn	[sardajn]
lúcio (m)	varswatersnoek	[farswatər·snuk]
arenque (m)	haring	[hariŋ]
pão (m)	brood	[broət]
queijo (m)	kaas	[kās]
açúcar (m)	suiker	[sœikər]
sal (m)	sout	[sæʊt]
arroz (m)	rys	[rajs]
massas (f pl)	pasta	[pasta]
talharim, miojo (m)	noedels	[nudɛls]
manteiga (f)	botter	[bottər]
óleo (m) vegetal	plantaardige olie	[plantārdiχə oli]
óleo (m) de girassol	sonblomolie	[sonblom·oli]
margarina (f)	margarien	[marχarin]
azeitonas (f pl)	olywe	[olajvə]
azeite (m)	olyfolie	[olajf·oli]
leite (m)	melk	[melk]
leite (m) condensado	kondensmelk	[kondɛŋs·melk]
iogurte (m)	jogurt	[joχurt]
creme (m) azedo	suurroom	[sɪr·roəm]

creme (m) de leite	room	[roəm]
maionese (f)	mayonnaise	[majonɛs]
creme (m)	crème	[krɛm]

grãos (m pl) de cereais	ontbytgraan	[ontbajt·χrān]
farinha (f)	meelblom	[meəl·blom]
enlatados (m pl)	blikkieskos	[blikkis·kos]

flocos (m pl) de milho	mielievlokkies	[mili·flokkis]
mel (m)	heuning	[høəniŋ]
geleia (m)	konfyt	[konfajt]
chiclete (m)	kougom	[kæʊχom]

53. Bebidas

água (f)	water	[vatər]
água (f) potável	drinkwater	[drink·vatər]
água (f) mineral	mineraalwater	[minerāl·vatər]

sem gás (adj)	sonder gas	[sondər χas]
gaseificada (adj)	soda-	[soda-]
com gás	bruis-	[brœis-]
gelo (m)	ys	[ajs]
com gelo	met ys	[met ajs]

não alcoólico (adj)	nie-alkoholies	[ni-alkoholis]
refrigerante (m)	koeldrank	[kul·drank]
refresco (m)	verfrissende drank	[ferfrissendə drank]
limonada (f)	limonade	[limonadə]

bebidas (f pl) alcoólicas	likeure	[likøərə]
vinho (m)	wyn	[vajn]
vinho (m) branco	witwyn	[vit·vajn]
vinho (m) tinto	rooiwyn	[roj·vajn]

licor (m)	likeur	[likøər]
champanhe (m)	sjampanje	[ʃampanje]
vermute (m)	vermoet	[fermut]

uísque (m)	whisky	[vhiskaj]
vodca (f)	vodka	[fodka]
gim (m)	jenever	[jenefər]
conhaque (m)	brandewyn	[brandə·vajn]
rum (m)	rum	[rum]

café (m)	koffie	[koffi]
café (m) preto	swart koffie	[swart koffi]
café (m) com leite	koffie met melk	[koffi met melk]
cappuccino (m)	capucino	[kaputʃino]
café (m) solúvel	poeierkoffie	[pujer·koffi]

leite (m)	melk	[mɛlk]
coquetel (m)	mengeldrankie	[menχəl·dranki]
batida (f), milkshake (m)	melkskommel	[melk·skomməl]

suco (m)	sap	[sap]
suco (m) de tomate	tamatiesap	[tamati·sap]
suco (m) de laranja	lemoensap	[lemoən·sap]
suco (m) fresco	vars geparste sap	[fars χeparstə sap]

cerveja (f)	bier	[bir]
cerveja (f) clara	ligte bier	[liχtə bir]
cerveja (f) preta	donker bier	[donkər bir]

chá (m)	tee	[teə]
chá (m) preto	swart tee	[swart teə]
chá (m) verde	groen tee	[χrun teə]

54. Vegetais

vegetais (m pl)	groente	[χruntə]
verdura (f)	groente	[χruntə]

tomate (m)	tamatie	[tamati]
pepino (m)	komkommer	[komkommər]
cenoura (f)	wortel	[vortəl]
batata (f)	aartappel	[ārtappəl]
cebola (f)	ui	[œi]
alho (m)	knoffel	[knoffəl]

couve (f)	kool	[koəl]
couve-flor (f)	blomkool	[blom·koəl]
couve-de-bruxelas (f)	Brusselspruite	[brussɛl·sprœitə]
brócolis (m pl)	broccoli	[brokoli]

beterraba (f)	beet	[beət]
berinjela (f)	eiervrug	[æjerfruχ]
abobrinha (f)	vingerskorsie	[fiŋər·skorsi]

abóbora (f)	pampoen	[pampun]
nabo (m)	raap	[rāp]

salsa (f)	pietersielie	[pitərsili]
endro, aneto (m)	dille	[dillə]
alface (f)	slaai	[slāi]
aipo (m)	seldery	[selderaj]

aspargo (m)	aspersie	[aspersi]
espinafre (m)	spinasie	[spinasi]

ervilha (f)	ertjie	[ɛrki]
feijão (~ soja, etc.)	boontjies	[boənkis]

milho (m)	mielie	[mili]
feijão (m) roxo	nierboontjie	[nir·boənki]

pimentão (m)	paprika	[paprika]
rabanete (m)	radys	[radajs]
alcachofra (f)	artisjok	[artiʃok]

55. Frutos. Nozes

fruta (f)	vrugte	[fruχtə]
maçã (f)	appel	[appəl]
pera (f)	peer	[peər]
limão (m)	suurlemoen	[sɪr·lemun]
laranja (f)	lemoen	[lemun]
morango (m)	aarbei	[ārbæj]

tangerina (f)	nartjie	[narki]
ameixa (f)	pruim	[prœim]
pêssego (m)	perske	[perskə]
damasco (m)	appelkoos	[appɛlkoəs]
framboesa (f)	framboos	[framboəs]
abacaxi (m)	pynappel	[pajnappəl]

banana (f)	piesang	[pisaŋ]
melancia (f)	waatlemoen	[vātlemun]
uva (f)	druif	[drœif]
ginja (f)	suurkersie	[sɪr·kersi]
cereja (f)	soetkersie	[sut·kersi]
melão (m)	spanspek	[spaŋspek]

toranja (f)	pomelo	[pomelo]
abacate (m)	avokado	[afokado]
mamão (m)	papaja	[papaja]
manga (f)	mango	[manχo]
romã (f)	granaat	[χranāt]

groselha (f) vermelha	rooi aalbessie	[roj ālbɛssi]
groselha (f) negra	swartbessie	[swartbɛssi]
groselha (f) espinhosa	appelliefie	[appɛllifi]
mirtilo (m)	bosbessie	[bosbɛssi]
amora (f) silvestre	braambessie	[brāmbɛssi]

passa (f)	rosyntjie	[rosajnki]
figo (m)	vy	[faj]
tâmara (f)	dadel	[dadəl]

amendoim (m)	grondboontjie	[χront·boənki]
amêndoa (f)	amandel	[amandəl]
noz (f)	okkerneut	[okkər·nøət]
avelã (f)	haselneut	[hasɛl·nøət]
coco (m)	klapper	[klappər]
pistaches (m pl)	pistachio	[pistatʃio]

56. Pão. Bolaria

pastelaria (f)	soet gebak	[sut χebak]
pão (m)	brood	[broət]
biscoito (m), bolacha (f)	koekies	[kukis]
chocolate (m)	sjokolade	[ʃokoladə]
de chocolate	sjokolade	[ʃokoladə]

bala (f)	lekkers	[lɛkkərs]
doce (bolo pequeno)	koek	[kuk]
bolo (m) de aniversário	koek	[kuk]

| torta (f) | pastei | [pastæj] |
| recheio (m) | vulsel | [fulsəl] |

geleia (m)	konfyt	[konfajt]
marmelada (f)	marmelade	[marmeladə]
wafers (m pl)	wafels	[vafɛls]
sorvete (m)	roomys	[roəm·ajs]
pudim (m)	poeding	[pudiŋ]

57. Especiarias

sal (m)	sout	[sæʊt]
salgado (adj)	sout	[sæʊt]
salgar (vt)	sout	[sæʊt]

pimenta-do-reino (f)	swart peper	[swart pepər]
pimenta (f) vermelha	rooi peper	[roj pepər]
mostarda (f)	mosterd	[mostert]
raiz-forte (f)	peperwortel	[peper·wortəl]

condimento (m)	smaakmiddel	[smāk·middəl]
especiaria (f)	spesery	[spesəraj]
molho (~ inglês)	sous	[sæʊs]
vinagre (m)	asyn	[asajn]

anis estrelado (m)	anys	[anajs]
manjericão (m)	basilikum	[basilikum]
cravo (m)	naeltjies	[naɛlkis]
gengibre (m)	gemmer	[χɛmmər]
coentro (m)	koljander	[koljandər]
canela (f)	kaneel	[kaneəl]

gergelim (m)	sesamsaad	[sesam·sāt]
folha (f) de louro	lourierblaar	[læʊrir·blār]
páprica (f)	paprika	[paprika]
cominho (m)	komynsaad	[komajnsāt]
açafrão (m)	saffraan	[saffrān]

INFORMAÇÃO PESSOAL. FAMÍLIA

58. Informação pessoal. Formulários

nome (m)	voornaam	[foərnãm]
sobrenome (m)	van	[fan]
data (f) de nascimento	geboortedatum	[χeboərtə·datum]
local (m) de nascimento	geboorteplek	[χeboərtə·plek]
nacionalidade (f)	nasionaliteit	[naʃionalitæjt]
lugar (m) de residência	woonplek	[voən·plek]
país (m)	land	[lant]
profissão (f)	beroep	[berup]
sexo (m)	geslag	[χeslaχ]
estatura (f)	lengte	[leŋtə]
peso (m)	gewig	[χeveχ]

59. Membros da família. Parentes

mãe (f)	moeder	[mudər]
pai (m)	vader	[fadər]
filho (m)	seun	[søən]
filha (f)	dogter	[doχtər]
caçula (f)	jonger dogter	[joŋər doχtər]
caçula (m)	jonger seun	[joŋər søən]
filha (f) mais velha	oudste dogter	[æʊdstə doχtər]
filho (m) mais velho	oudste seun	[æʊdstə søən]
irmão (m)	broer	[brur]
irmão (m) mais velho	ouer broer	[æʊer brur]
irmão (m) mais novo	jonger broer	[joŋər brur]
irmã (f)	suster	[sustər]
irmã (f) mais velha	ouer suster	[æʊer sustər]
irmã (f) mais nova	jonger suster	[joŋər sustər]
primo (m)	neef	[neəf]
prima (f)	neef	[neəf]
mamãe (f)	ma	[ma]
papai (m)	pa	[pa]
pais (pl)	ouers	[æʊers]
criança (f)	kind	[kint]
crianças (f pl)	kinders	[kindərs]
avó (f)	ouma	[æʊma]
avô (m)	oupa	[æʊpa]

neto (m)	kleinseun	[klæjn·søən]
neta (f)	kleindogter	[klæjn·doχtər]
netos (pl)	kleinkinders	[klæjn·kindərs]

tio (m)	oom	[oəm]
tia (f)	tante	[tantə]
sobrinho (m)	neef	[neəf]
sobrinha (f)	nig	[niχ]

sogra (f)	skoonma	[skoən·ma]
sogro (m)	skoonpa	[skoən·pa]
genro (m)	skoonseun	[skoən·søən]
madrasta (f)	stiefma	[stifma]
padrasto (m)	stiefpa	[stifpa]

criança (f) de colo	baba	[baba]
bebê (m)	baba	[baba]
menino (m)	seuntjie	[søənki]

mulher (f)	vrou	[fræʊ]
marido (m)	man	[man]
esposo (m)	eggenoot	[ɛχχenoət]
esposa (f)	eggenote	[ɛχχenotə]

casado (adj)	getroud	[χetræʊt]
casada (adj)	getroud	[χetræʊt]
solteiro (adj)	ongetroud	[onχətræʊt]
solteirão (m)	vrygesel	[frajχesəl]
divorciado (adj)	geskei	[χeskæj]
viúva (f)	weduwee	[veduveə]
viúvo (m)	wedunaar	[vedunãr]

parente (m)	familielid	[famililit]
parente (m) próximo	na familie	[na famili]
parente (m) distante	ver familie	[fer famili]
parentes (m pl)	familielede	[famililedə]

órfão (m)	weeskind	[veəskint]
órfã (f)	weeskind	[veəskint]
tutor (m)	voog	[foəχ]
adotar (um filho)	aanneem	[ãnneəm]
adotar (uma filha)	aanneem	[ãnneəm]

60. Amigos. Colegas de trabalho

amigo (m)	vriend	[frint]
amiga (f)	vriendin	[frindin]
amizade (f)	vriendskap	[frindskap]
ser amigos	bevriend wees	[befrint veəs]
parceiro (m)	maat	[mãt]

chefe (m)	baas	[bãs]
superior (m)	baas	[bãs]
proprietário (m)	eienaar	[æjenãr]

| subordinado (m) | ondergeskikte | [ondərχeskiktə] |
| colega (m, f) | kollega | [kolleχa] |

conhecido (m)	kennis	[kɛnnis]
companheiro (m) de viagem	medereisiger	[medə·ræjsiχər]
colega (m) de classe	klasmaat	[klas·mãt]

vizinho (m)	buurman	[bɪrman]
vizinha (f)	buurvrou	[bɪrfræʊ]
vizinhos (pl)	bure	[burə]

CORPO HUMANO. MEDICINA

61. Cabeça

cabeça (f)	kop	[kop]
rosto, cara (f)	gesig	[χesəχ]
nariz (m)	neus	[nøəs]
boca (f)	mond	[mont]
olho (m)	oog	[oəχ]
olhos (m pl)	oë	[oɛ]
pupila (f)	pupil	[pupil]
sobrancelha (f)	wenkbrou	[vɛnk·bræʊ]
cílio (f)	ooghaar	[oəχ·hār]
pálpebra (f)	ooglid	[oəχ·lit]
língua (f)	tong	[toŋ]
dente (m)	tand	[tant]
lábios (m pl)	lippe	[lippə]
maçãs (f pl) do rosto	wangbene	[vaŋ·benə]
gengiva (f)	tandvleis	[tand·flæjs]
palato (m)	verhemelte	[fer·hemɛltə]
narinas (f pl)	neusgate	[nøəsχatə]
queixo (m)	ken	[ken]
mandíbula (f)	kakebeen	[kakebeən]
bochecha (f)	wang	[vaŋ]
testa (f)	voorhoof	[foərhoəf]
têmpora (f)	slaap	[slāp]
orelha (f)	oor	[oər]
costas (f pl) da cabeça	agterkop	[aχtərkop]
pescoço (m)	nek	[nek]
garganta (f)	keel	[keəl]
cabelo (m)	haar	[hār]
penteado (m)	kapsel	[kapsəl]
corte (m) de cabelo	haarstyl	[hārstajl]
peruca (f)	pruik	[prœik]
bigode (m)	snor	[snor]
barba (f)	baard	[bārt]
ter (~ barba, etc.)	dra	[dra]
trança (f)	vlegsel	[fleχsəl]
suíças (f pl)	bakkebaarde	[bakkəbārdə]
ruivo (adj)	rooiharig	[roj·harəχ]
grisalho (adj)	grys	[χrajs]
careca (adj)	kaal	[kāl]
calva (f)	kaal plek	[kāl plek]

76. Pontos cardeais

norte (m)	noorde	[noərdə]
para norte	na die noorde	[na di noərdə]
no norte	in die noorde	[in di noərdə]
do norte (adj)	noordelik	[noərdəlik]

sul (m)	suide	[sœidə]
para sul	na die suide	[na di sœidə]
no sul	in die suide	[in di sœidə]
do sul (adj)	suidelik	[sœidəlik]

oeste, ocidente (m)	weste	[vestə]
para oeste	na die weste	[na di vestə]
no oeste	in die weste	[in di vestə]
ocidental (adj)	westelik	[vestelik]

leste, oriente (m)	ooste	[oəstə]
para leste	na die ooste	[na di oəstə]
no leste	in die ooste	[in di oəstə]
oriental (adj)	oostelik	[oəstəlik]

77. Mar. Oceano

mar (m)	see	[seə]
oceano (m)	oseaan	[oseãn]
golfo (m)	golf	[χolf]
estreito (m)	straat	[strãt]

terra (f) firme	land	[lant]
continente (m)	kontinent	[kontinent]

ilha (f)	eiland	[æjlant]
península (f)	skiereiland	[skir·æjlant]
arquipélago (m)	argipel	[arχipəl]

baía (f)	baai	[bãi]
porto (m)	hawe	[havə]
lagoa (f)	strandmeer	[strand·meər]
cabo (m)	kaap	[kãp]

atol (m)	atol	[atol]
recife (m)	rif	[rif]
coral (m)	koraal	[korãl]
recife (m) de coral	koraalrif	[korãl·rif]

profundo (adj)	diep	[dip]
profundidade (f)	diepte	[diptə]
abismo (m)	afgrond	[afχront]
fossa (f) oceânica	trog	[troχ]

corrente (f)	stroming	[stromiŋ]
banhar (vt)	omring	[omriŋ]

rabo-de-cavalo (m)	poniestert	[poni·stert]
franja (f)	gordyntjiekapsel	[χordajnki·kapsəl]

62. Corpo humano

mão (f)	hand	[hant]
braço (m)	arm	[arm]

dedo (m)	vinger	[fiŋər]
dedo (m) do pé	toon	[toən]
polegar (m)	duim	[dœim]
dedo (m) mindinho	pinkie	[pinki]
unha (f)	nael	[naəl]

punho (m)	vuis	[fœis]
palma (f)	palm	[palm]
pulso (m)	pols	[pols]
antebraço (m)	voorarm	[foərarm]
cotovelo (m)	elmboog	[ɛlmboəχ]
ombro (m)	skouer	[skæʋər]

perna (f)	been	[beən]
pé (m)	voet	[fut]
joelho (m)	knie	[kni]
panturrilha (f)	kuit	[kœit]
quadril (m)	heup	[høəp]
calcanhar (m)	hakskeen	[hak·skeən]

corpo (m)	liggaam	[liχχãm]
barriga (f), ventre (m)	maag	[mãχ]
peito (m)	bors	[bors]
seio (m)	bors	[bors]
lado (m)	sy	[saj]
costas (dorso)	rug	[ruχ]
região (f) lombar	lae rug	[laə ruχ]
cintura (f)	middel	[middəl]

umbigo (m)	naeltjie	[naɛlki]
nádegas (f pl)	boude	[bæʋdə]
traseiro (m)	sitvlak	[sitflak]

sinal (m), pinta (f)	moesie	[musi]
sinal (m) de nascença	moedervlek	[mudər·flek]
tatuagem (f)	tatoe	[tatu]
cicatriz (f)	litteken	[littekən]

63. Doenças

doença (f)	siekte	[siktə]
estar doente	siek wees	[sik veəs]
saúde (f)	gesondheid	[χesonthæjt]
nariz (m) escorrendo	loopneus	[loəpnøəs]

amigdalite (f)	**keelontsteking**	[keəl·ontstekiŋ]
resfriado (m)	**verkoue**	[ferkæʊə]
bronquite (f)	**bronchitis**	[bronχitis]
pneumonia (f)	**longontsteking**	[loŋ·ontstekiŋ]
gripe (f)	**griep**	[χrip]
míope (adj)	**bysiende**	[bajsində]
presbita (adj)	**versiende**	[fersində]
estrabismo (m)	**skeelheid**	[skeəlhæjt]
estrábico, vesgo (adj)	**skeel**	[skeəl]
catarata (f)	**katarak**	[katarak]
glaucoma (m)	**gloukoom**	[χlæʊkoəm]
AVC (m), apoplexia (f)	**beroerte**	[berurtə]
ataque (m) cardíaco	**hartaanval**	[hart·ānfal]
enfarte (m) do miocárdio	**hartinfark**	[hart·infark]
paralisia (f)	**verlamming**	[ferlammiŋ]
paralisar (vt)	**verlam**	[ferlam]
alergia (f)	**allergie**	[allerχi]
asma (f)	**asma**	[asma]
diabetes (f)	**suikersiekte**	[sœikər·siktə]
dor (f) de dente	**tandpyn**	[tand·pajn]
cárie (f)	**tandbederf**	[tand·bederf]
diarreia (f)	**diarree**	[diarreə]
prisão (f) de ventre	**hardlywigheid**	[hardlajviχæjt]
desarranjo (m) intestinal	**maagongesteldheid**	[māχ·oŋəstɛldhæjt]
intoxicação (f) alimentar	**voedselvergiftiging**	[fudsəl·ferχiftəχiŋ]
intoxicar-se	**voedselvergiftiging kry**	[fudsəl·ferχiftəχiŋ kraj]
artrite (f)	**artritis**	[artritis]
raquitismo (m)	**Engelse siekte**	[ɛŋəlsə siktə]
reumatismo (m)	**reumatiek**	[røəmatik]
arteriosclerose (f)	**artrosklerose**	[artrosklerosə]
gastrite (f)	**maagontsteking**	[māχ·ontstekiŋ]
apendicite (f)	**blindedermontsteking**	[blindəderm·ontstekiŋ]
colecistite (f)	**galblaasontsteking**	[χalblās·ontstekiŋ]
úlcera (f)	**maagsweer**	[māχsweər]
sarampo (m)	**masels**	[masɛls]
rubéola (f)	**Duitse masels**	[dœitsə masɛls]
icterícia (f)	**geelsug**	[χeəlsuχ]
hepatite (f)	**hepatitis**	[hepatitis]
esquizofrenia (f)	**skisofrenie**	[skisofreni]
raiva (f)	**hondsdolheid**	[hondsdolhæjt]
neurose (f)	**neurose**	[nøərosə]
contusão (f) cerebral	**harsingskudding**	[harsiŋ·skuddiŋ]
câncer (m)	**kanker**	[kankər]
esclerose (f)	**sklerose**	[sklerosə]
esclerose (f) múltipla	**veelvuldige sklerose**	[feəlfuldiχə sklerosə]

alcoolismo (m)	alkoholisme	[alkoholismə]
alcoólico (m)	alkoholikus	[alkoholikus]
sífilis (f)	sifilis	[sifilis]
AIDS (f)	VIGS	[vigs]

tumor (m)	tumor	[tumor]
maligno (adj)	kwaadaardig	[kwãdãrdəχ]
benigno (adj)	goedaardig	[χudãrdəχ]

febre (f)	koors	[koərs]
malária (f)	malaria	[malaria]
gangrena (f)	gangreen	[χanχreən]
enjoo (m)	seesiekte	[seə·siktə]
epilepsia (f)	epilepsie	[ɛpilepsi]

epidemia (f)	epidemie	[ɛpidemi]
tifo (m)	tifus	[tifus]
tuberculose (f)	tuberkulose	[tuberkulosə]
cólera (f)	cholera	[χolera]
peste (f) bubônica	pes	[pes]

64. Sintomas. Tratamentos. Parte 1

sintoma (m)	simptoom	[simptoəm]
temperatura (f)	temperatuur	[temperatɪr]
febre (f)	koors	[koərs]
pulso (m)	polsslag	[pols·slaχ]

vertigem (f)	duiseligheid	[dœiseliχæjt]
quente (testa, etc.)	warm	[varm]
calafrio (m)	koue rillings	[kæʊə rilliŋs]
pálido (adj)	bleek	[bleək]

tosse (f)	hoes	[hus]
tossir (vi)	hoes	[hus]
espirrar (vi)	nies	[nis]
desmaio (m)	floute	[flæʊtə]
desmaiar (vi)	flou word	[flæʊ vort]

mancha (f) preta	blou kol	[blæʊ kol]
galo (m)	knop	[knop]
machucar-se (vr)	stamp	[stamp]
contusão (f)	besering	[beseriŋ]

mancar (vi)	hink	[hink]
deslocamento (f)	ontwrigting	[ontwriχtiŋ]
deslocar (vt)	ontwrig	[ontwrəχ]
fratura (f)	breuk	[brøək]
fraturar (vt)	n breuk hê	[n brøək hɛ:]

corte (m)	sny	[snaj]
cortar-se (vr)	jouself sny	[jæʊsɛlf snaj]
hemorragia (f)	bloeding	[bludiŋ]
queimadura (f)	brandwond	[brant·vont]

queimar-se (vr)	jouself brand	[jæusɛlf brant]
picar (vt)	prik	[prik]
picar-se (vr)	jouself prik	[jæusɛlf prik]
lesionar (vt)	seermaak	[seərmãk]
lesão (m)	besering	[beseriŋ]
ferida (f), ferimento (m)	wond	[vont]
trauma (m)	trauma	[trɔuma]

delirar (vi)	yl	[ajl]
gaguejar (vi)	stotter	[stottər]
insolação (f)	sonsteek	[sɔŋ·steək]

65. Sintomas. Tratamentos. Parte 2

| dor (f) | pyn | [pajn] |
| farpa (no dedo, etc.) | splinter | [splintər] |

suor (m)	sweet	[sweət]
suar (vi)	sweet	[sweət]
vômito (m)	braak	[brãk]
convulsões (f pl)	stuiptrekkings	[stœip·trɛkkiŋs]

grávida (adj)	swanger	[swaŋər]
nascer (vi)	gebore word	[χeborə vort]
parto (m)	geboorte	[χeboərtə]
dar à luz	baar	[bãr]
aborto (m)	aborsie	[aborsi]

respiração (f)	asemhaling	[asemhaliŋ]
inspiração (f)	inaseming	[inasemiŋ]
expiração (f)	uitaseming	[œitasemiŋ]
expirar (vi)	uitasem	[œitasem]
inspirar (vi)	inasem	[inasem]

inválido (m)	invalide	[infalidə]
aleijado (m)	kreupel	[krøəpəl]
drogado (m)	dwelmslaaf	[dwɛlm·slãf]

surdo (adj)	doof	[doəf]
mudo (adj)	stom	[stom]
surdo-mudo (adj)	doofstom	[doəf·stom]

louco, insano (adj)	swaksinnig	[swaksinnəχ]
louco (m)	kranksinnige	[kranksinnixə]
louca (f)	kranksinnige	[kranksinnixə]
ficar louco	kranksinnig word	[kranksinnəχ vort]

gene (m)	geen	[χeən]
imunidade (f)	immuniteit	[immunitæjt]
hereditário (adj)	erflik	[ɛrflik]
congênito (adj)	aangebore	[ãnχəborə]

| vírus (m) | virus | [firus] |
| micróbio (m) | mikrobe | [mikrobə] |

| bactéria (f) | bakterie | [bakteri] |
| infecção (f) | infeksie | [infeksi] |

66. Sintomas. Tratamentos. Parte 3

| hospital (m) | hospitaal | [hospitãl] |
| paciente (m) | pasiënt | [pasiɛnt] |

diagnóstico (m)	diagnose	[diaχnosə]
cura (f)	genesing	[χenesiŋ]
tratamento (m) médico	mediese behandeling	[medisə behandəliŋ]
curar-se (vr)	behandeling kry	[behandəliŋ kraj]
tratar (vt)	behandel	[behandəl]
cuidar (pessoa)	versorg	[fersorχ]
cuidado (m)	versorging	[fersorχiŋ]

operação (f)	operasie	[operasi]
enfaixar (vt)	verbind	[ferbint]
enfaixamento (m)	verband	[ferbant]

vacinação (f)	inenting	[inɛntiŋ]
vacinar (vt)	inent	[inɛnt]
injeção (f)	inspuiting	[inspœitiŋ]

ataque (~ de asma, etc.)	aanval	[ãnfal]
amputação (f)	amputasie	[amputasi]
amputar (vt)	amputeer	[amputeər]
coma (f)	koma	[koma]
reanimação (f)	intensiewe sorg	[intɛnsivə sorχ]

recuperar-se (vr)	herstel	[herstəl]
estado (~ de saúde)	kondisie	[kondisi]
consciência (perder a ~)	bewussyn	[bevussajn]
memória (f)	geheue	[χəhøə]

tirar (vt)	trek	[trek]
obturação (f)	vulsel	[fulsəl]
obturar (vt)	vul	[ful]

| hipnose (f) | hipnose | [hipnosə] |
| hipnotizar (vt) | hipnotiseer | [hipnotiseər] |

67. Medicina. Drogas. Acessórios

medicamento (m)	medisyn	[medisajn]
remédio (m)	geneesmiddel	[χeneəs·middəl]
receitar (vt)	voorskryf	[foərskrajf]
receita (f)	voorskrif	[foərskrif]

comprimido (m)	pil	[pil]
unguento (m)	salf	[salf]
ampola (f)	ampul	[ampul]

solução, preparado (m)	**mengsel**	[meŋsəl]
xarope (m)	**stroop**	[stroəp]
cápsula (f)	**pil**	[pil]
pó (m)	**poeier**	[pujer]
atadura (f)	**verband**	[ferbant]
algodão (m)	**watte**	[vattə]
iodo (m)	**iodium**	[iodium]
curativo (m) adesivo	**pleister**	[plæjstər]
conta-gotas (m)	**oogdrupper**	[oəχ·druppər]
termômetro (m)	**termometer**	[termometər]
seringa (f)	**spuitnaald**	[spœit·nãlt]
cadeira (f) de rodas	**rolstoel**	[rol·stul]
muletas (f pl)	**krukke**	[krukkə]
analgésico (m)	**pynstiller**	[pajn·stillər]
laxante (m)	**lakseermiddel**	[lakseər·middəl]
álcool (m)	**spiritus**	[spiritus]
ervas (f pl) medicinais	**geneeskragtige kruie**	[χenees·kraχtiχə krœiə]
de ervas (chá ~)	**kruie-**	[krœie-]

APARTAMENTO

68. Apartamento

apartamento (m)	woonstel	[voəŋstəl]
quarto, cômodo (m)	kamer	[kamər]
quarto (m) de dormir	slaapkamer	[slāp·kamər]
sala (f) de jantar	eetkamer	[eət·kamər]
sala (f) de estar	sitkamer	[sit·kamər]
escritório (m)	studeerkamer	[studeər·kamər]
sala (f) de entrada	ingangsportaal	[inχaŋs·portāl]
banheiro (m)	badkamer	[bad·kamər]
lavabo (m)	toilet	[tojlet]
teto (m)	plafon	[plafon]
chão, piso (m)	vloer	[flur]
canto (m)	hoek	[huk]

69. Mobiliário. Interior

mobiliário (m)	meubels	[møəbɛls]
mesa (f)	tafel	[tafel]
cadeira (f)	stoel	[stul]
cama (f)	bed	[bet]
sofá, divã (m)	rusbank	[rusbank]
poltrona (f)	gemakstoel	[χemak·stul]
estante (f)	boekkas	[buk·kas]
prateleira (f)	rak	[rak]
guarda-roupas (m)	klerekas	[klerə·kas]
cabide (m) de parede	kapstok	[kapstok]
cabideiro (m) de pé	kapstok	[kapstok]
cômoda (f)	laaikas	[lājkas]
mesinha (f) de centro	koffietafel	[koffi·tafəl]
espelho (m)	spieël	[spiɛl]
tapete (m)	mat	[mat]
tapete (m) pequeno	matjie	[maki]
lareira (f)	vuurherd	[fɪr·hert]
vela (f)	kers	[kers]
castiçal (m)	kandelaar	[kandelār]
cortinas (f pl)	gordyne	[χordajnə]
papel (m) de parede	muurpapier	[mɪr·papir]

persianas (f pl)	blindings	[blindiŋs]
luminária (f) de mesa	tafellamp	[tafel·lamp]
luminária (f) de parede	muurlamp	[mɪr·lamp]
abajur (m) de pé	staanlamp	[stān·lamp]
lustre (m)	kroonlugter	[kroən·luχtər]

pé (de mesa, etc.)	poot	[poət]
braço, descanso (m)	armleuning	[arm·løəniŋ]
costas (f pl)	rugleuning	[ruχ·løəniŋ]
gaveta (f)	laai	[lāi]

70. Quarto de dormir

roupa (f) de cama	beddegoed	[beddə·χut]
travesseiro (m)	kussing	[kussiŋ]
fronha (f)	kussingsloop	[kussiŋ·sloəp]
cobertor (m)	duvet	[dufet]
lençol (m)	laken	[laken]
colcha (f)	bedsprei	[bed·spræj]

71. Cozinha

cozinha (f)	kombuis	[kombœis]
gás (m)	gas	[χas]
fogão (m) a gás	gasstoof	[χas·stoəf]
fogão (m) elétrico	elektriese stoof	[elektrisə stoəf]
forno (m)	oond	[oent]
forno (m) de micro-ondas	mikrogolfoond	[mikroχolf·oent]

geladeira (f)	yskas	[ajs·kas]
congelador (m)	vrieskas	[friskas]
máquina (f) de lavar louça	skottelgoedwasser	[skottɛlχud·wassər]

moedor (m) de carne	vleismeul	[flæjs·møəl]
espremedor (m)	versapper	[fersappər]
torradeira (f)	broodrooster	[broəd·roəstər]
batedeira (f)	menger	[menər]

máquina (f) de café	koffiemasjien	[koffi·maʃin]
cafeteira (f)	koffiepot	[koffi·pot]
moedor (m) de café	koffiemeul	[koffi·møəl]

chaleira (f)	fluitketel	[flœit·ketəl]
bule (m)	teepot	[teə·pot]
tampa (f)	deksel	[deksəl]
coador (m) de chá	teesiffie	[teə·siffi]

colher (f)	lepel	[lepəl]
colher (f) de chá	teelepeltjie	[teə·lepəlki]
colher (f) de sopa	soplepel	[sop·lepəl]
garfo (m)	vurk	[furk]
faca (f)	mes	[mes]

louça (f)	tafelgerei	[tafel·xeræj]
prato (m)	bord	[bort]
pires (m)	piering	[piriŋ]

cálice (m)	likeurglas	[likøər·χlas]
copo (m)	glas	[χlas]
xícara (f)	koppie	[koppi]

açucareiro (m)	suikerpot	[sœikər·pot]
saleiro (m)	soutvaatjie	[sæʊt·fāki]
pimenteiro (m)	pepervaatjie	[pepər·fāki]
manteigueira (f)	botterbakkie	[bottər·bakki]

panela (f)	soppot	[sop·pot]
frigideira (f)	braaipan	[brāj·pan]
concha (f)	opskeplepel	[opskep·lepəl]
coador (m)	vergiet	[ferχit]
bandeja (f)	skinkbord	[skink·bort]

garrafa (f)	bottel	[bottəl]
pote (m) de vidro	fles	[fles]
lata (~ de cerveja)	blikkie	[blikki]

abridor (m) de garrafa	botteloopmaker	[bottəl·oəpmakər]
abridor (m) de latas	blikoopmaker	[blik·oəpmakər]
saca-rolhas (m)	kurktrekker	[kurk·trɛkkər]
filtro (m)	filter	[filtər]
filtrar (vt)	filter	[filtər]

| lixo (m) | vullis | [fullis] |
| lixeira (f) | vullisbak | [fullis·bak] |

72. Casa de banho

banheiro (m)	badkamer	[bad·kamər]
água (f)	water	[vatər]
torneira (f)	kraan	[krān]
água (f) quente	warme water	[varmə vatər]
água (f) fria	koue water	[kæʊə vatər]

pasta (f) de dente	tandepasta	[tandə·pasta]
escovar os dentes	tande borsel	[tandə borsəl]
escova (f) de dente	tandeborsel	[tandə·borsəl]

barbear-se (vr)	skeer	[skeər]
espuma (f) de barbear	skeerroom	[skeər·roəm]
gilete (f)	skeermes	[skeər·mes]

lavar (vt)	was	[vas]
tomar banho	bad	[bat]
chuveiro (m), ducha (f)	stort	[stort]
tomar uma ducha	stort	[stort]
banheira (f)	bad	[bat]
vaso (m) sanitário	toilet	[tojlet]

pia (f)	**wasbak**	[vas·bak]
sabonete (m)	**seep**	[seəp]
saboneteira (f)	**seepbakkie**	[seəp·bakki]
esponja (f)	**spons**	[spɔŋs]
xampu (m)	**sjampoe**	[ʃampu]
toalha (f)	**handdoek**	[handduk]
roupão (m) de banho	**badjas**	[batjas]
lavagem (f)	**was**	[vas]
lavadora (f) de roupas	**wasmasjien**	[vas·maʃin]
lavar a roupa	**die wasgoed was**	[di vasχut vas]
detergente (m)	**waspoeier**	[vas·pujer]

73. Eletrodomésticos

televisor (m)	**TV-stel**	[te·fe-stəl]
gravador (m)	**bandspeler**	[band·spelər]
videogravador (m)	**videomasjien**	[video·maʃin]
rádio (m)	**radio**	[radio]
leitor (m)	**speler**	[spelər]
projetor (m)	**videoprojektor**	[video·projektor]
cinema (m) em casa	**tuisfliekteater**	[tœis·flik·teatər]
DVD Player (m)	**DVD-speler**	[de·fe·de-spelər]
amplificador (m)	**versterker**	[fersterkər]
console (f) de jogos	**videokonsole**	[video·kɔŋsolə]
câmera (f) de vídeo	**videokamera**	[video·kamera]
máquina (f) fotográfica	**kamera**	[kamera]
câmera (f) digital	**digitale kamera**	[diχitalə kamera]
aspirador (m)	**stofsuier**	[stof·sœiər]
ferro (m) de passar	**strykyster**	[strajk·ajstər]
tábua (f) de passar	**strykplank**	[strajk·plank]
telefone (m)	**telefoon**	[telefoən]
celular (m)	**selfoon**	[sɛlfoən]
máquina (f) de escrever	**tikmasjien**	[tik·maʃin]
máquina (f) de costura	**naaimasjien**	[naj·maʃin]
microfone (m)	**mikrofoon**	[mikrofoən]
fone (m) de ouvido	**koptelefoon**	[kop·telefoən]
controle remoto (m)	**afstandsbeheer**	[afstands·beheər]
CD (m)	**CD**	[se·de]
fita (f) cassete	**kasset**	[kasset]
disco (m) de vinil	**plaat**	[plãt]

A TERRA. TEMPO

74. Espaço sideral

espaço, cosmo (m)	kosmos	[kosmos]
espacial, cósmico (adj)	kosmies	[kosmis]
espaço (m) cósmico	buitenste ruimte	[bœitɛŋstə rajmtə]
mundo (m)	wêreld	[værɛlt]
universo (m)	heelal	[heəlal]
galáxia (f)	sterrestelsel	[sterrə·stɛlsəl]
estrela (f)	ster	[ster]
constelação (f)	sterrebeeld	[sterrə·beəlt]
planeta (m)	planeet	[planeət]
satélite (m)	satelliet	[satɛllit]
meteorito (m)	meteoriet	[meteorit]
cometa (m)	komeet	[komeət]
asteroide (m)	asteroïed	[asteroïət]
órbita (f)	baan	[bān]
girar (vi)	draai	[drāi]
atmosfera (f)	atmosfeer	[atmosfeər]
Sol (m)	die Son	[di son]
Sistema (m) Solar	sonnestelsel	[sonnə·stɛlsəl]
eclipse (m) solar	sonsverduistering	[soŋs·ferdœisteriŋ]
Terra (f)	die Aarde	[di ārdə]
Lua (f)	die Maan	[di mān]
Marte (m)	Mars	[mars]
Vênus (f)	Venus	[fenus]
Júpiter (m)	Jupiter	[jupitər]
Saturno (m)	Saturnus	[saturnus]
Mercúrio (m)	Mercurius	[merkurius]
Urano (m)	Uranus	[uranus]
Netuno (m)	Neptunus	[neptunus]
Plutão (m)	Pluto	[pluto]
Via Láctea (f)	Melkweg	[melk·weχ]
Ursa Maior (f)	Groot Beer	[χroət beər]
Estrela Polar (f)	Poolster	[poəl·stər]
marciano (m)	marsbewoner	[mars·bevonər]
extraterrestre (m)	buiteaardse wese	[bœite·ārdsə vesə]
alienígena (m)	ruimtewese	[rœimtə·vesə]

disco (m) voador	vlieënde skottel	[fliɛndə skottəl]
espaçonave (f)	ruimteskip	[rœimtə·skip]
estação (f) orbital	ruimtestasie	[rœimtə·stasi]
lançamento (m)	vertrek	[fertrek]
motor (m)	enjin	[ɛndʒin]
bocal (m)	uitlaatpyp	[œitlãt·pajp]
combustível (m)	brandstof	[brantstof]
cabine (f)	stuurkajuit	[stɪr·kajœit]
antena (f)	lugdraad	[luχdrãt]
vigia (f)	patryspoort	[patrajs·poərt]
bateria (f) solar	sonpaneel	[son·paneəl]
traje (m) espacial	ruimtepak	[rœimtə·pak]
imponderabilidade (f)	gewigloosheid	[χeviχloəshæjt]
oxigênio (m)	suurstof	[sɪrstof]
acoplagem (f)	koppeling	[koppeliŋ]
fazer uma acoplagem	koppel	[koppəl]
observatório (m)	observatorium	[observatorium]
telescópio (m)	teleskoop	[teleskoəp]
observar (vt)	waarneem	[vãrneəm]
explorar (vt)	eksploreer	[ɛksploreər]

75. A Terra

Terra (f)	die Aarde	[di ãrdə]
globo terrestre (Terra)	die aardbol	[di ãrdbol]
planeta (m)	planeet	[planeət]
atmosfera (f)	atmosfeer	[atmosfeər]
geografia (f)	geografie	[χeoχrafi]
natureza (f)	natuur	[natɪr]
globo (mapa esférico)	aardbol	[ãrd·bol]
mapa (m)	kaart	[kãrt]
atlas (m)	atlas	[atlas]
Europa (f)	Europa	[øəropa]
Ásia (f)	Asië	[asiɛ]
África (f)	Afrika	[afrika]
Austrália (f)	Australië	[ɔustraliɛ]
América (f)	Amerika	[amerika]
América (f) do Norte	Noord-Amerika	[noərd-amerika]
América (f) do Sul	Suid-Amerika	[sœid-amerika]
Antártida (f)	Suidpool	[sœid·poəl]
Ártico (m)	Noordpool	[noərd·poəl]

litoral (m)	oewer	[uvər]
costa (f)	kus	[kus]
maré (f) alta	hoogwater	[hoəχ·vatər]
refluxo (m)	laagwater	[lāχ·vatər]
restinga (f)	sandbank	[sand·bank]
fundo (m)	bodem	[bodem]
onda (f)	golf	[χolf]
crista (f) da onda	kruin	[krœin]
espuma (f)	skuim	[skœim]
tempestade (f)	storm	[storm]
furacão (m)	orkaan	[orkān]
tsunami (m)	tsunami	[tsunami]
calmaria (f)	windstilte	[vindstiltə]
calmo (adj)	kalm	[kalm]
polo (m)	pool	[poəl]
polar (adj)	polêr	[polær]
latitude (f)	breedtegraad	[breedtə·χrāt]
longitude (f)	lengtegraad	[leŋtə·χrāt]
paralela (f)	parallel	[paralləl]
equador (m)	ewenaar	[ɛvenār]
céu (m)	hemel	[heməl]
horizonte (m)	horison	[horison]
ar (m)	lug	[luχ]
farol (m)	vuurtoring	[fɪrtoriŋ]
mergulhar (vi)	duik	[dœik]
afundar-se (vr)	sink	[sink]
tesouros (m pl)	skatte	[skattə]

78. Nomes de Mares e Oceanos

Oceano (m) Atlântico	Atlantiese oseaan	[atlantisə oseān]
Oceano (m) Índico	Indiese Oseaan	[indisə oseān]
Oceano (m) Pacífico	Stille Oseaan	[stillə oseān]
Oceano (m) Ártico	Noordelike Yssee	[noərdelikə ajs·see]
Mar (m) Negro	Swart See	[swart see]
Mar (m) Vermelho	Rooi See	[roj see]
Mar (m) Amarelo	Geel See	[χeəl see]
Mar (m) Branco	Witsee	[vit·see]
Mar (m) Cáspio	Kaspiese See	[kaspisə see]
Mar (m) Morto	Dooie See	[doje see]
Mar (m) Mediterrâneo	Middellandse See	[middəllandsə see]
Mar (m) Egeu	Egeïese See	[ɛχejesə see]
Mar (m) Adriático	Adriatiese See	[adriatisə see]
Mar (m) Arábico	Arabiese See	[arabisə see]

Mar (m) do Japão	Japanse See	[japaŋsə seə]
Mar (m) de Bering	Beringsee	[beriŋ·seə]
Mar (m) da China Meridional	Suid-Sjinese See	[sœid-ʃinesə seə]
Mar (m) de Coral	Koraalsee	[korāl·seə]
Mar (m) de Tasman	Tasmansee	[tasmaŋ·seə]
Mar (m) do Caribe	Karibiese See	[karibisə seə]
Mar (m) de Barents	Barentssee	[barents·seə]
Mar (m) de Kara	Karasee	[kara·seə]
Mar (m) do Norte	Noordsee	[noərd·seə]
Mar (m) Báltico	Baltiese See	[baltisə seə]
Mar (m) da Noruega	Noorse See	[noərsə seə]

79. Montanhas

montanha (f)	berg	[berχ]
cordilheira (f)	bergreeks	[berχ·reəks]
serra (f)	bergrug	[berχ·ruχ]
cume (m)	top	[top]
pico (m)	piek	[pik]
pé (m)	voet	[fut]
declive (m)	helling	[hɛlliŋ]
vulcão (m)	vulkaan	[fulkān]
vulcão (m) ativo	aktiewe vulkaan	[aktivə fulkān]
vulcão (m) extinto	rustende vulkaan	[rustendə fulkān]
erupção (f)	uitbarsting	[œitbarstiŋ]
cratera (f)	krater	[kratər]
magma (m)	magma	[maχma]
lava (f)	lawa	[lava]
fundido (lava ~a)	gloeiende	[χlujendə]
cânion, desfiladeiro (m)	diepkloof	[dip·kloəf]
garganta (f)	kloof	[kloəf]
fenda (f)	skeur	[skøər]
precipício (m)	afgrond	[afχront]
passo, colo (m)	bergpas	[berχ·pas]
planalto (m)	plato	[plato]
falésia (f)	krans	[kraŋs]
colina (f)	kop	[kop]
geleira (f)	gletser	[χletsər]
cachoeira (f)	waterval	[vatər·fal]
gêiser (m)	geiser	[χæjsər]
lago (m)	meer	[meər]
planície (f)	vlakte	[flaktə]
paisagem (f)	landskap	[landskap]
eco (m)	eggo	[ɛχχo]

alpinista (m)	**alpinis**	[alpinis]
escalador (m)	**bergklimmer**	[berχ·klimmər]
conquistar (vt)	**baasraak**	[bãsrãk]
subida, escalada (f)	**beklimming**	[beklimmiŋ]

80. Nomes de montanhas

Alpes (m pl)	**die Alpe**	[di alpə]
Monte Branco (m)	**Mont Blanc**	[mon blan]
Pirineus (m pl)	**die Pireneë**	[di pireneɛ]
Cárpatos (m pl)	**die Karpate**	[di karpatə]
Urais (m pl)	**die Oeralgebergte**	[di ural·χəberχtə]
Cáucaso (m)	**die Koukasus Gebergte**	[di kæʊkasus χəberχtə]
Elbrus (m)	**Elbroes**	[ɛlbrus]
Altai (m)	**die Altai-gebergte**	[di altaj-χəberχtə]
Tian Shan (m)	**die Tian Shan**	[di tian ʃan]
Pamir (m)	**die Pamir**	[di pamir]
Himalaia (m)	**die Himalajas**	[di himalajas]
monte Everest (m)	**Everest**	[ɛverest]
Cordilheira (f) dos Andes	**die Andes**	[di andes]
Kilimanjaro (m)	**Kilimanjaro**	[kilimandʒaro]

81. Rios

rio (m)	**rivier**	[rifir]
fonte, nascente (f)	**bron**	[bron]
leito (m) de rio	**rivierbed**	[rifir·bet]
bacia (f)	**stroomgebied**	[stroəm·χebit]
desaguar no …	**uitmond in …**	[œitmont in …]
afluente (m)	**syrivier**	[saj·rifir]
margem (do rio)	**oewer**	[uvər]
corrente (f)	**stroming**	[stromiŋ]
rio abaixo	**stroomafwaarts**	[stroəm·afvãrts]
rio acima	**stroomopwaarts**	[stroəm·opvãrts]
inundação (f)	**oorstroming**	[oərstromiŋ]
cheia (f)	**oorstroming**	[oərstromiŋ]
transbordar (vi)	**oor sy walle loop**	[oər saj vallə loəp]
inundar (vt)	**oorstroom**	[oərstroəm]
banco (m) de areia	**sandbank**	[sand·bank]
corredeira (f)	**stroomversnellings**	[stroəm·fersnɛlliŋs]
barragem (f)	**damwal**	[dam·wal]
canal (m)	**kanaal**	[kanãl]
reservatório (m) de água	**opgaardam**	[opχãr·dam]
eclusa (f)	**sluis**	[slœis]

corpo (m) de água	dam	[dam]
pântano (m)	moeras	[muras]
lamaçal (m)	vlei	[flæj]
redemoinho (m)	draaikolk	[drãj·kolk]

riacho (m)	spruit	[sprœit]
potável (adj)	drink-	[drink-]
doce (água)	vars	[fars]

| gelo (m) | ys | [ajs] |
| congelar-se (vr) | bevries | [befris] |

82. Nomes de rios

| rio Sena (m) | Seine | [sæjn] |
| rio Loire (m) | Loire | [lua:r] |

rio Tâmisa (m)	Teems	[tems]
rio Reno (m)	Ryn	[rajn]
rio Danúbio (m)	Donau	[donɔu]

rio Volga (m)	Wolga	[volga]
rio Don (m)	Don	[don]
rio Lena (m)	Lena	[lena]

rio Amarelo (m)	Geel Rivier	[xeəl rifir]
rio Yangtzé (m)	Blou Rivier	[blæʊ rifir]
rio Mekong (m)	Mekong	[mekoŋ]
rio Ganges (m)	Ganges	[xaŋəs]

rio Nilo (m)	Nyl	[najl]
rio Congo (m)	Kongorivier	[kongo·rifir]
rio Cubango (m)	Okavango	[okavango]
rio Zambeze (m)	Zambezi	[sambesi]
rio Limpopo (m)	Limpopo	[limpopo]
rio Mississippi (m)	Mississippi	[mississippi]

83. Floresta

| floresta (f), bosque (m) | bos | [bos] |
| florestal (adj) | bos- | [bos-] |

mata (f) fechada	woud	[væʊt]
arvoredo (m)	boord	[boərt]
clareira (f)	oopte	[oəptə]

| matagal (m) | struikgewas | [strœik·xevas] |
| mato (m), caatinga (f) | struikveld | [strœik·fɛlt] |

pequena trilha (f)	paadjie	[pãdʒi]
ravina (f)	donga	[donxa]
árvore (f)	boom	[boəm]

| folha (f) | blaar | [blãr] |
| folhagem (f) | blare | [blarə] |

queda (f) das folhas	val van die blare	[fal fan di blarə]
cair (vi)	val	[fal]
topo (m)	boomtop	[boəm·top]

ramo (m)	tak	[tak]
galho (m)	tak	[tak]
botão (m)	knop	[knop]
agulha (f)	naald	[nãlt]
pinha (f)	dennebol	[dɛnnə·bol]

buraco (m) de árvore	holte	[holtə]
ninho (m)	nes	[nes]
toca (f)	gat	[χat]

tronco (m)	stam	[stam]
raiz (f)	wortel	[vortəl]
casca (f) de árvore	bas	[bas]
musgo (m)	mos	[mos]

arrancar pela raiz	ontwortel	[ontwortəl]
cortar (vt)	omkap	[omkap]
desflorestar (vt)	ontbos	[ontbos]
toco, cepo (m)	boomstomp	[boəm·stomp]

fogueira (f)	kampvuur	[kampfɪr]
incêndio (m) florestal	bosbrand	[bos·brant]
apagar (vt)	blus	[blus]

guarda-parque (m)	boswagter	[bos·waχtər]
proteção (f)	beskerming	[beskermiŋ]
proteger (a natureza)	beskerm	[beskerm]
caçador (m) furtivo	wildstroper	[vilt·stropər]
armadilha (f)	slagyster	[slaχ·ajstər]

| colher (cogumelos, bagas) | pluk | [pluk] |
| perder-se (vr) | verdwaal | [ferdwãl] |

84. Recursos naturais

recursos (m pl) naturais	natuurlike bronne	[natɪrlikə bronnə]
minerais (m pl)	minerale	[mineralə]
depósitos (m pl)	lae	[laə]
jazida (f)	veld	[fɛlt]

extrair (vt)	myn	[majn]
extração (f)	myn	[majn]
minério (m)	erts	[ɛrts]
mina (f)	myn	[majn]
poço (m) de mina	mynskag	[majn·skaχ]
mineiro (m)	mynwerker	[majn·werkər]
gás (m)	gas	[χas]

gasoduto (m)	gaspyp	[χas·pajp]
petróleo (m)	olie	[oli]
oleoduto (m)	olipypleiding	[oli·pajp·læjdiŋ]
poço (m) de petróleo	oliebron	[oli·bron]
torre (f) petrolífera	boortoring	[boɐr·toriŋ]
petroleiro (m)	tenkskip	[tɛnk·skip]

areia (f)	sand	[sant]
calcário (m)	kalksteen	[kalksteɘn]
cascalho (m)	gruis	[χrœis]
turfa (f)	veengrond	[feɘnχront]
argila (f)	klei	[klæj]
carvão (m)	steenkool	[steɘn·koɘl]

ferro (m)	yster	[ajstɘr]
ouro (m)	goud	[χæʊt]
prata (f)	silwer	[silwɘr]
níquel (m)	nikkel	[nikkɘl]
cobre (m)	koper	[kopɘr]

zinco (m)	sink	[sink]
manganês (m)	mangaan	[manχān]
mercúrio (m)	kwik	[kwik]
chumbo (m)	lood	[loɘt]

mineral (m)	mineraal	[minerãl]
cristal (m)	kristal	[kristal]
mármore (m)	marmer	[marmɘr]
urânio (m)	uraan	[urãn]

85. Tempo

tempo (m)	weer	[veɘr]
previsão (f) do tempo	weersvoorspelling	[veɘrs·foɘrspɛlliŋ]
temperatura (f)	temperatuur	[temperatɪr]
termômetro (m)	termometer	[termometɘr]
barômetro (m)	barometer	[barometɘr]

úmido (adj)	klam	[klam]
umidade (f)	vogtigheid	[foχtiχæjt]

calor (m)	hitte	[hittɘ]
tórrido (adj)	heet	[heɘt]
está muito calor	dis vrekwarm	[dis frekvarm]

está calor	dit is warm	[dit is varm]
quente (morno)	louwarm	[læʊvarm]

está frio	dis koud	[dis kæʊt]
frio (adj)	koud	[kæʊt]

sol (m)	son	[son]
brilhar (vi)	skyn	[skajn]
de sol, ensolarado	sonnig	[sonnɘχ]

nascer (vi)	opkom	[opkom]
pôr-se (vr)	ondergaan	[ondərχān]

nuvem (f)	wolk	[volk]
nublado (adj)	bewolk	[bevolk]
nuvem (f) preta	reënwolk	[reɛn·wolk]
escuro, cinzento (adj)	somber	[sombər]

chuva (f)	reën	[reɛn]
está a chover	dit reën	[dit reɛn]
chuvoso (adj)	reënerig	[reɛnerəχ]
chuviscar (vi)	motreën	[motreɛn]

chuva (f) torrencial	stortbui	[stortbœi]
aguaceiro (m)	reënvlaag	[reɛn·flāχ]
forte (chuva, etc.)	swaar	[swār]
poça (f)	poeletjie	[puləki]
molhar-se (vr)	nat word	[nat vort]

nevoeiro (m)	mis	[mis]
de nevoeiro	mistig	[mistəχ]
neve (f)	sneeu	[sniʊ]
está nevando	dit sneeu	[dit sniʊ]

86. Tempo extremo. Catástrofes naturais

trovoada (f)	donderstorm	[dondər·storm]
relâmpago (m)	weerlig	[veərləχ]
relampejar (vi)	flits	[flits]

trovão (m)	donder	[dondər]
trovejar (vi)	donder	[dondər]
está trovejando	dit donder	[dit dondər]

granizo (m)	hael	[haəl]
está caindo granizo	dit hael	[dit haəl]

inundar (vt)	oorstroom	[oərstroəm]
inundação (f)	oorstroming	[oərstromiŋ]

terremoto (m)	aardbewing	[ārd·beviŋ]
abalo, tremor (m)	aardskok	[ārd·skok]
epicentro (m)	episentrum	[ɛpisentrum]

erupção (f)	uitbarsting	[œitbarstiŋ]
lava (f)	lawa	[lava]

tornado (m)	tornado	[tornado]
tufão (m)	tifoon	[tifoən]

furacão (m)	orkaan	[orkān]
tempestade (f)	storm	[storm]
tsunami (m)	tsunami	[tsunami]
ciclone (m)	sikloon	[sikloən]

mau tempo (m)	**slegte weer**	[sleɣtə veər]
incêndio (m)	**brand**	[brant]
catástrofe (f)	**ramp**	[ramp]
meteorito (m)	**meteoriet**	[meteorit]
avalanche (f)	**lawine**	[lavinə]
deslizamento (m) de neve	**sneeulawine**	[sniʊ·lavinə]
nevasca (f)	**sneeustorm**	[sniʊ·storm]
tempestade (f) de neve	**sneeustorm**	[sniʊ·storm]

FAUNA

87. Mamíferos. Predadores

predador (m)	roofdier	[roəf·dir]
tigre (m)	tier	[tir]
leão (m)	leeu	[liʊ]
lobo (m)	wolf	[volf]
raposa (f)	vos	[fos]
jaguar (m)	jaguar	[jaχuar]
leopardo (m)	luiperd	[lœipert]
chita (f)	jagluiperd	[jaχ·lœipert]
pantera (f)	swart luiperd	[swart lœipert]
puma (m)	poema	[puma]
leopardo-das-neves (m)	sneeuluiperd	[sniʊ·lœipert]
lince (m)	los	[los]
coiote (m)	prêriewolf	[præri·volf]
chacal (m)	jakkals	[jakkals]
hiena (f)	hiëna	[hiɛna]

88. Animais selvagens

animal (m)	dier	[dir]
besta (f)	beest	[beəst]
esquilo (m)	eekhoring	[eəkhoriŋ]
ouriço (m)	krimpvarkie	[krimpfarki]
lebre (f)	hasie	[hasi]
coelho (m)	konyn	[konajn]
texugo (m)	das	[das]
guaxinim (m)	wasbeer	[vasbeər]
hamster (m)	hamster	[hamstər]
marmota (f)	marmot	[marmot]
toupeira (f)	mol	[mol]
rato (m)	muis	[mœis]
ratazana (f)	rot	[rot]
morcego (m)	vlermuis	[fler·mœis]
arminho (m)	hermelyn	[hermәlajn]
zibelina (f)	sabel, sabeldier	[sabәl], [sabәl·dir]
marta (f)	marter	[martər]
doninha (f)	wesel	[vesәl]
visom (m)	nerts	[nerts]

castor (m)	bewer	[bevər]
lontra (f)	otter	[ottər]
cavalo (m)	perd	[pert]
alce (m)	eland	[ɛlant]
veado (m)	hert	[hert]
camelo (m)	kameel	[kameəl]
bisão (m)	bison	[bison]
auroque (m)	wisent	[visent]
búfalo (m)	buffel	[buffəl]
zebra (f)	sebra, kwagga	[sebra], [kwaχχa]
antílope (m)	wildsbok	[vilds·bok]
corça (f)	reebok	[reəbok]
gamo (m)	damhert	[damhert]
camurça (f)	gems	[χems]
javali (m)	wildevark	[vildə·fark]
baleia (f)	walvis	[valfis]
foca (f)	seehond	[see·hont]
morsa (f)	walrus	[valrus]
urso-marinho (m)	seebeer	[see·beər]
golfinho (m)	dolfyn	[dolfajn]
urso (m)	beer	[beər]
urso (m) polar	ysbeer	[ajs·beər]
panda (m)	panda	[panda]
macaco (m)	aap	[āp]
chimpanzé (m)	sjimpansee	[ʃimpaŋseə]
orangotango (m)	orangoetang	[oranχutaŋ]
gorila (m)	gorilla	[χorilla]
macaco (m)	makaak	[makāk]
gibão (m)	gibbon	[χibbon]
elefante (m)	olifant	[olifant]
rinoceronte (m)	renoster	[renostər]
girafa (f)	kameelperd	[kameəl·pert]
hipopótamo (m)	seekoei	[seə·kui]
canguru (m)	kangaroe	[kanχaru]
coala (m)	koala	[koala]
mangusto (m)	muishond	[mœis·hont]
chinchila (f)	chinchilla, tjintjilla	[tʃin·tʃila]
cangambá (f)	stinkmuishond	[stinkmœis·hont]
porco-espinho (m)	ystervark	[ajstər·fark]

89. Animais domésticos

gata (f)	kat	[kat]
gato (m) macho	kater	[katər]
cão (m)	hond	[hont]

cavalo (m)	perd	[pert]
garanhão (m)	hings	[hiŋs]
égua (f)	merrie	[merri]

vaca (f)	koei	[kui]
touro (m)	bul	[bul]
boi (m)	os	[os]

ovelha (f)	skaap	[skāp]
carneiro (m)	ram	[ram]
cabra (f)	bok	[bok]
bode (m)	bokram	[bok·ram]

| burro (m) | donkie, esel | [donki], [eisəl] |
| mula (f) | muil | [mœil] |

porco (m)	vark	[fark]
leitão (m)	varkie	[farki]
coelho (m)	konyn	[konajn]

| galinha (f) | hoender, hen | [hundər], [hen] |
| galo (m) | haan | [hān] |

pata (f), pato (m)	eend	[eent]
pato (m)	mannetjieseend	[mannəkis·eent]
ganso (m)	gans	[χaŋs]

| peru (m) | kalkoenmannetjie | [kalkun·mannəki] |
| perua (f) | kalkoen | [kalkun] |

animais (m pl) domésticos	huisdiere	[hœis·dirə]
domesticado (adj)	mak	[mak]
domesticar (vt)	mak maak	[mak māk]
criar (vt)	teel	[teəl]

fazenda (f)	plaas	[plās]
aves (f pl) domésticas	pluimvee	[plœimfeə]
gado (m)	beeste	[beəstə]
rebanho (m), manada (f)	kudde	[kuddə]

estábulo (m)	stal	[stal]
chiqueiro (m)	varkstal	[fark·stal]
estábulo (m)	koeistal	[kui·stal]
coelheira (f)	konynehok	[konajnə·hok]
galinheiro (m)	hoenderhok	[hundər·hok]

90. Pássaros

pássaro (m), ave (f)	voël	[foɛl]
pombo (m)	duif	[dœif]
pardal (m)	mossie	[mossi]
chapim-real (m)	mees	[meəs]
pega-rabuda (f)	ekster	[ɛkstər]
corvo (m)	raaf	[rāf]

gralha-cinzenta (f)	kraai	[krãi]
gralha-de-nuca-cinzenta (f)	kerkkraai	[kerk·krãi]
gralha-calva (f)	roek	[ruk]

pato (m)	eend	[eent]
ganso (m)	gans	[χaŋs]
faisão (m)	fisant	[fisant]

águia (f)	arend	[arɛnt]
açor (m)	sperwer	[sperwər]
falcão (m)	valk	[falk]
abutre (m)	aasvoël	[āsfoɛl]
condor (m)	kondor	[kondor]

cisne (m)	swaan	[swãn]
grou (m)	kraanvoël	[krãn·foɛl]
cegonha (f)	ooievaar	[ojefãr]

papagaio (m)	papegaai	[papəχãi]
beija-flor (m)	kolibrie	[kolibri]
pavão (m)	pou	[pæʊ]

avestruz (m)	volstruis	[folstrœis]
garça (f)	reier	[ræjer]
flamingo (m)	flamink	[flamink]
pelicano (m)	pelikaan	[pelikãn]

rouxinol (m)	nagtegaal	[naχteχãl]
andorinha (f)	swael	[swaəl]

tordo-zornal (m)	lyster	[lajstər]
tordo-músico (m)	sanglyster	[saŋlajstər]
melro-preto (m)	merel	[merəl]

andorinhão (m)	windswael	[vindswaəl]
cotovia (f)	lewerik	[leverik]
codorna (f)	kwartel	[kwartəl]

pica-pau (m)	speg	[speχ]
cuco (m)	koekoek	[kukuk]
coruja (f)	uil	[œil]
bufo-real (m)	ooruil	[oərœil]
tetraz-grande (m)	auerhoen	[ɔuer·hun]
tetraz-lira (m)	korhoen	[korhun]
perdiz-cinzenta (f)	patrys	[patrajs]

estorninho (m)	spreeu	[spriʊ]
canário (m)	kanarie	[kanari]
galinha-do-mato (f)	bonasa hoen	[bonasa hun]

tentilhão (m)	gryskoppie	[χrajskoppi]
dom-fafe (m)	bloedvink	[bludfink]

gaivota (f)	seemeeu	[seəmiʊ]
albatroz (m)	albatros	[albatros]
pinguim (m)	pikkewyn	[pikkəvajn]

91. Peixes. Animais marinhos

brema (f)	**brasem**	[brasem]
carpa (f)	**karp**	[karp]
perca (f)	**baars**	[bārs]
siluro (m)	**katvis, seebaber**	[katfis], [seə·babər]
lúcio (m)	**snoek**	[snuk]
salmão (m)	**salm**	[salm]
esturjão (m)	**steur**	[støər]
arenque (m)	**haring**	[hariŋ]
salmão (m) do Atlântico	**atlantiese salm**	[atlantisə salm]
cavala, sarda (f)	**makriel**	[makril]
solha (f), linguado (m)	**platvis**	[platfis]
lúcio perca (m)	**varswatersnoek**	[farswatər·snuk]
bacalhau (m)	**kabeljou**	[kabeljæʊ]
atum (m)	**tuna**	[tuna]
truta (f)	**forel**	[forəl]
enguia (f)	**paling**	[paliŋ]
raia (f) elétrica	**drilvis**	[drilfis]
moreia (f)	**bontpaling**	[bontpaliŋ]
piranha (f)	**piranha**	[piranha]
tubarão (m)	**haai**	[hãi]
golfinho (m)	**dolfyn**	[dolfajn]
baleia (f)	**walvis**	[valfis]
caranguejo (m)	**krap**	[krap]
água-viva (f)	**jellievis**	[jelli·fis]
polvo (m)	**seekat**	[seə·kat]
estrela-do-mar (f)	**seester**	[seə·stər]
ouriço-do-mar (m)	**see-egel, seekastaiing**	[seə-eχel], [seə·kastajiŋ]
cavalo-marinho (m)	**seeperdjie**	[seə·perdʒi]
ostra (f)	**oester**	[ustər]
camarão (m)	**garnaal**	[χarnāl]
lagosta (f)	**kreef**	[kreəf]
lagosta (f)	**seekreef**	[seə·kreəf]

92. Anfíbios. Répteis

cobra (f)	**slang**	[slaŋ]
venenoso (adj)	**giftig**	[χiftəχ]
víbora (f)	**adder**	[addər]
naja (f)	**kobra**	[kobra]
píton (m)	**luislang**	[lœislaŋ]
jiboia (f)	**boa, konstriktorslang**	[boa], [konstriktor·slaŋ]
cobra-de-água (f)	**ringslang**	[riŋ·slaŋ]

cascavel (f)	ratelslang	[ratəl·slaŋ]
anaconda (f)	anakonda	[anakonda]
lagarto (m)	akkedis	[akkedis]
iguana (f)	leguaan	[leχuãn]
varano (m)	likkewaan	[likkevãn]
salamandra (f)	salamander	[salamandər]
camaleão (m)	verkleurmannetjie	[ferkløər·manneki]
escorpião (m)	skerpioen	[skerpiun]
tartaruga (f)	skilpad	[skilpat]
rã (f)	padda	[padda]
sapo (m)	brulpadda	[brul·padda]
crocodilo (m)	krokodil	[krokodil]

93. Insetos

inseto (m)	insek	[insek]
borboleta (f)	skoenlapper	[skunlappər]
formiga (f)	mier	[mir]
mosca (f)	vlieg	[fliχ]
mosquito (m)	muskiet	[muskit]
escaravelho (m)	kewer	[kevər]
vespa (f)	perdeby	[perdə·baj]
abelha (f)	by	[baj]
mamangaba (f)	hommelby	[homməl·baj]
moscardo (m)	perdevlieg	[perdə·fliχ]
aranha (f)	spinnekop	[spinnə·kop]
teia (f) de aranha	spinnerak	[spinnə·rak]
libélula (f)	naaldekoker	[nãldə·kokər]
gafanhoto (m)	sprinkaan	[sprinkãn]
traça (f)	mot	[mot]
barata (f)	kakkerlak	[kakkerlak]
carrapato (m)	bosluis	[boslœis]
pulga (f)	vlooi	[floj]
borrachudo (m)	muggie	[muχχi]
gafanhoto (m)	treksprinkhaan	[trek·sprinkhãn]
caracol (m)	slak	[slak]
grilo (m)	kriek	[krik]
pirilampo, vaga-lume (m)	vuurvliegie	[fɪrfliχi]
joaninha (f)	lieweheersbesie	[liveheərs·besi]
besouro (m)	lentekewer	[lentekevər]
sanguessuga (f)	bloedsuier	[blud·sœiər]
lagarta (f)	ruspe	[ruspə]
minhoca (f)	erdwurm	[ɛrd·vurm]
larva (f)	larwe	[larvə]

FLORA

94. Árvores

árvore (f)	boom	[boəm]
decídua (adj)	bladwisselend	[bladwisselent]
conífera (adj)	kegeldraend	[keχɛldraent]
perene (adj)	immergroen	[immərχrun]
macieira (f)	appelboom	[appɛl·boəm]
pereira (f)	peerboom	[peər·boəm]
cerejeira (f)	soetkersieboom	[sutkersi·boəm]
ginjeira (f)	suurkersieboom	[sɪrkersi·boəm]
ameixeira (f)	pruimeboom	[prœimə·boəm]
bétula (f)	berk	[berk]
carvalho (m)	eik	[æjk]
tília (f)	lindeboom	[lində·boəm]
choupo-tremedor (m)	trilpopulier	[trilpopulir]
bordo (m)	esdoring	[ɛsdoriŋ]
espruce (m)	spar	[spar]
pinheiro (m)	denneboom	[dɛnnə·boəm]
alerce, lariço (m)	lorkeboom	[lorkə·boəm]
abeto (m)	den	[den]
cedro (m)	seder	[sedər]
choupo, álamo (m)	populier	[populir]
tramazeira (f)	lysterbessie	[lajstərbɛssi]
salgueiro (m)	wilger	[vilχər]
amieiro (m)	els	[ɛls]
faia (f)	beuk	[bøək]
ulmeiro, olmo (m)	olm	[olm]
freixo (m)	esboom	[ɛs·boəm]
castanheiro (m)	kastaiing	[kastajiŋ]
magnólia (f)	magnolia	[maχnolia]
palmeira (f)	palm	[palm]
cipreste (m)	sipres	[sipres]
mangue (m)	wortelboom	[vortəl·boəm]
embondeiro, baobá (m)	kremetart	[kremetart]
eucalipto (m)	bloekom	[blukom]
sequoia (f)	mammoetboom	[mammut·boəm]

95. Arbustos

arbusto (m)	struik	[strœik]
arbusto (m), moita (f)	bossie	[bossi]

videira (f)	**wingerdstok**	[viŋərd·stok]
vinhedo (m)	**wingerd**	[viŋərt]
framboeseira (f)	**framboosstruik**	[frambɔəs·strœik]
groselheira-negra (f)	**swartbessiestruik**	[swartbɛssi·strœik]
groselheira-vermelha (f)	**rooi aalbessiestruik**	[roj ālbɛssi·strœik]
groselheira (f) espinhosa	**appelliefiestruik**	[appɛllifi·strœik]
acácia (f)	**akasia**	[akasia]
bérberis (f)	**suurbessie**	[sɪr·bɛssi]
jasmim (m)	**jasmyn**	[jasmajn]
junípero (m)	**jenewer**	[jenevər]
roseira (f)	**roosstruik**	[roəs·strœik]
roseira (f) brava	**hondsroos**	[honds·roəs]

96. Frutos. Bagas

fruta (f)	**vrug**	[fruχ]
frutas (f pl)	**vrugte**	[fruχtə]
maçã (f)	**appel**	[appəl]
pera (f)	**peer**	[peər]
ameixa (f)	**pruim**	[prœim]
morango (m)	**aarbei**	[ārbæj]
ginja (f)	**suurkersie**	[sɪr·kersi]
cereja (f)	**soetkersie**	[sut·kersi]
uva (f)	**druif**	[drœif]
framboesa (f)	**framboos**	[frambɔəs]
groselha (f) negra	**swartbessie**	[swartbɛssi]
groselha (f) vermelha	**rooi aalbessie**	[roj ālbɛssi]
groselha (f) espinhosa	**appelliefie**	[appɛllifi]
oxicoco (m)	**bosbessie**	[bosbɛssi]
laranja (f)	**lemoen**	[lemun]
tangerina (f)	**nartjie**	[narki]
abacaxi (m)	**pynappel**	[pajnappəl]
banana (f)	**piesang**	[pisaŋ]
tâmara (f)	**dadel**	[dadəl]
limão (m)	**suurlemoen**	[sɪr·lemun]
damasco (m)	**appelkoos**	[appɛlkoəs]
pêssego (m)	**perske**	[perskə]
quiuí (m)	**kiwi, kiwivrug**	[kivi], [kivi·fruχ]
toranja (f)	**pomelo**	[pomelo]
baga (f)	**bessie**	[bɛssi]
bagas (f pl)	**bessies**	[bɛssis]
arando (m) vermelho	**pryselbessie**	[prajsɛlbɛssi]
morango-silvestre (m)	**wilde aarbei**	[vildə ārbæj]
mirtilo (m)	**bloubessie**	[blæʊbɛssi]

97. Flores. Plantas

| flor (f) | blom | [blom] |
| buquê (m) de flores | boeket | [buket] |

rosa (f)	roos	[roəs]
tulipa (f)	tulp	[tulp]
cravo (m)	angelier	[anχəlir]
gladíolo (m)	swaardlelie	[swārd·leli]

centáurea (f)	koringblom	[koriŋblom]
campainha (f)	grasklokkie	[χras·klokki]
dente-de-leão (m)	perdeblom	[perdə·blom]
camomila (f)	kamille	[kamillə]

aloé (m)	aalwyn	[ālwajn]
cacto (m)	kaktus	[kaktus]
fícus (m)	rubberplant	[rubbər·plant]

lírio (m)	lelie	[leli]
gerânio (m)	malva	[malfa]
jacinto (m)	hiasint	[hiasint]

mimosa (f)	mimosa	[mimosa]
narciso (m)	narsing	[narsiŋ]
capuchinha (f)	kappertjie	[kapperki]

orquídea (f)	orgidee	[orχideə]
peônia (f)	pinksterroos	[pinkstər·roəs]
violeta (f)	viooltjie	[fioəlki]

amor-perfeito (m)	gesiggie	[χesiχi]
não-me-esqueças (m)	vergeet-my-nietjie	[ferχeət-maj-niki]
margarida (f)	madeliefie	[madelifi]

papoula (f)	papawer	[papavər]
cânhamo (m)	hennep	[hɛnnəp]
hortelã, menta (f)	kruisement	[krœisəment]

| lírio-do-vale (m) | dallelie | [dalleli] |
| campânula-branca (f) | sneeuklokkie | [sniʊ·klokki] |

urtiga (f)	brandnetel	[brant·netəl]
azedinha (f)	veldsuring	[fɛltsuriŋ]
nenúfar (m)	waterlelie	[vatər·leli]
samambaia (f)	varing	[fariŋ]
líquen (m)	korsmos	[korsmos]

estufa (f)	broeikas	[bruikas]
gramado (m)	grasperk	[χras·perk]
canteiro (m) de flores	blombed	[blom·bet]

planta (f)	plant	[plant]
grama (f)	gras	[χras]
folha (f) de grama	grasspriet	[χras·sprit]

folha (f)	blaar	[blãr]
pétala (f)	kroonblaar	[kroən·blãr]
talo (m)	stingel	[stiŋəl]
tubérculo (m)	knol	[knol]

| broto, rebento (m) | saailing | [sãjliŋ] |
| espinho (m) | doring | [doriŋ] |

florescer (vi)	bloei	[blui]
murchar (vi)	verlep	[ferlep]
cheiro (m)	reuk	[røək]
cortar (flores)	sny	[snaj]
colher (uma flor)	pluk	[pluk]

98. Cereais, grãos

grão (m)	graan	[χrãn]
cereais (plantas)	graangewasse	[χrãn·χəwassə]
espiga (f)	aar	[ãr]

trigo (m)	koring	[koriŋ]
centeio (m)	rog	[roχ]
aveia (f)	hawer	[havər]
painço (m)	gierst	[χirst]
cevada (f)	gars	[χars]

milho (m)	mielie	[mili]
arroz (m)	rys	[rajs]
trigo-sarraceno (m)	bokwiet	[bokwit]

ervilha (f)	ertjie	[ɛrki]
feijão (m) roxo	nierboon	[nir·boən]
soja (f)	soja	[soja]
lentilha (f)	lensie	[lɛŋsi]
feijão (m)	boontjies	[boənkis]

PAÍSES DO MUNDO

99. Países. Parte 1

Afeganistão (m)	Afghanistan	[afχanistan]
África (f) do Sul	Suid-Afrika	[sœid-afrika]
Albânia (f)	Albanië	[albaniɛ]
Alemanha (f)	Duitsland	[dœitslant]
Arábia (f) Saudita	Saoedi-Arabië	[saudi-arabiɛ]
Argentina (f)	Argentinië	[arχentiniɛ]
Armênia (f)	Armenië	[armeniɛ]
Austrália (f)	Australië	[ɔustraliɛ]
Áustria (f)	Oostenryk	[oəstenrajk]
Azerbaijão (m)	Azerbeidjan	[azerbæjdjan]
Bahamas (f pl)	die Bahamas	[di bahamas]
Bangladesh (m)	Bangladesj	[bangladeʃ]
Bélgica (f)	België	[belχiɛ]
Belarus	Belarus	[belarus]
Bolívia (f)	Bolivië	[boliviɛ]
Bósnia e Herzegovina (f)	Bosnië & Herzegowina	[bosniɛ en hersegovina]
Brasil (m)	Brasilië	[brasiliɛ]
Bulgária (f)	Bulgarye	[bulχaraje]
Camboja (f)	Kambodja	[kambodja]
Canadá (m)	Kanada	[kanada]
Cazaquistão (m)	Kazakstan	[kasakstan]
Chile (m)	Chili	[tʃili]
China (f)	Sjina	[ʃina]
Chipre (m)	Ciprus	[siprus]
Colômbia (f)	Colombia, Kolombië	[kolombia], [kolombiɛ]
Coreia (f) do Norte	Noord-Korea	[noərd-korea]
Coreia (f) do Sul	Suid-Korea	[sœid-korea]
Croácia (f)	Kroasië	[kroasiɛ]
Cuba (f)	Kuba	[kuba]
Dinamarca (f)	Denemarke	[denemarkə]
Egito (m)	Egipte	[ɛχiptə]
Emirados Árabes Unidos	Verenigde Arabiese Emirate	[fereniχdə arabisə emiratə]
Equador (m)	Ecuador	[ɛkuador]
Escócia (f)	Skotland	[skotlant]
Eslováquia (f)	Slowakye	[slowakaje]
Eslovênia (f)	Slovenië	[slofeniɛ]
Espanha (f)	Spanje	[spanje]
Estados Unidos da América	Verenigde State van Amerika	[fereniχdə statə fan amerika]
Estônia (f)	Estland	[ɛstlant]

| Finlândia (f) | Finland | [finlant] |
| França (f) | Frankryk | [frankrajk] |

100. Países. Parte 2

Gana (f)	Ghana	[χana]
Geórgia (f)	Georgië	[χeorχiɛ]
Grã-Bretanha (f)	Groot-Brittanje	[χroət-brittanje]
Grécia (f)	Griekeland	[χrikəlant]
Haiti (m)	Haïti	[haïti]
Hungria (f)	Hongarye	[honχaraje]
Índia (f)	Indië	[indiɛ]

Indonésia (f)	Indonesië	[indonesiɛ]
Inglaterra (f)	Engeland	[ɛŋəlant]
Irã (m)	Iran	[iran]
Iraque (m)	Irak	[irak]
Irlanda (f)	Ierland	[irlant]
Islândia (f)	Ysland	[ajslant]
Israel (m)	Israel	[israəl]

Itália (f)	Italië	[italiɛ]
Jamaica (f)	Jamaika	[jamajka]
Japão (m)	Japan	[japan]
Jordânia (f)	Jordanië	[jordaniɛ]
Kuwait (m)	Kuwait	[kuvajt]

| Laos (m) | Laos | [laos] |
| Letônia (f) | Letland | [letlant] |

Líbano (m)	Libanon	[libanon]
Líbia (f)	Libië	[libiɛ]
Liechtenstein (m)	Lichtenstein	[liχtɛŋstejn]
Lituânia (f)	Litoue	[litæʋə]
Luxemburgo (m)	Luksemburg	[luksemburχ]

| Macedônia (f) | Masedonië | [masedoniɛ] |
| Madagascar (m) | Madagaskar | [madaχaskar] |

Malásia (f)	Maleisië	[malæjsiɛ]
Malta (f)	Malta	[malta]
Marrocos	Marokko	[marokko]
México (m)	Meksiko	[meksiko]
Birmânia (f)	Myanmar	[mjanmar]

| Moldávia (f) | Moldawië | [moldaviɛ] |
| Mônaco (m) | Monako | [monako] |

Mongólia (f)	Mongolië	[monχoliɛ]
Montenegro (m)	Montenegro	[montənegro]
Namíbia (f)	Namibië	[namibiɛ]
Nepal (m)	Nepal	[nepal]
Noruega (f)	Noorweë	[noərweɛ]
Nova Zelândia (f)	Nieu-Seeland	[niu-seəlant]

101. Países. Parte 3

Países Baixos (m pl)	**Nederland**	[nedərlant]
Palestina (f)	**Palestina**	[palestina]
Panamá (m)	**Panama**	[panama]
Paquistão (m)	**Pakistan**	[pakistan]
Paraguai (m)	**Paraguay**	[paragwaj]
Peru (m)	**Peru**	[peru]
Polinésia (f) Francesa	**Frans-Polinesië**	[fraŋs-polinesiɛ]
Polônia (f)	**Pole**	[polə]
Portugal (m)	**Portugal**	[portuχal]
Quênia (f)	**Kenia**	[kenia]
Quirguistão (m)	**Kirgisië**	[kirχisiɛ]
República (f) Checa	**Tjeggië**	[tʃeχiɛ]
República Dominicana	**Dominikaanse Republiek**	[dominikāŋsə republik]
Romênia (f)	**Roemenië**	[rumeniɛ]
Rússia (f)	**Rusland**	[ruslant]
Senegal (m)	**Senegal**	[seneχal]
Sérvia (f)	**Serwië**	[serwiɛ]
Síria (f)	**Sirië**	[siriɛ]
Suécia (f)	**Swede**	[swedə]
Suíça (f)	**Switserland**	[switsərlant]
Suriname (m)	**Suriname**	[surinamə]
Tailândia (f)	**Thailand**	[tajlant]
Taiwan (m)	**Taiwan**	[tajvan]
Tajiquistão (m)	**Tadjikistan**	[tadʒikistan]
Tanzânia (f)	**Tanzanië**	[tansaniɛ]
Tasmânia (f)	**Tasmanië**	[tasmaniɛ]
Tunísia (f)	**Tunisië**	[tunisiɛ]
Turquemenistão (m)	**Turkmenistan**	[turkmenistan]
Turquia (f)	**Turkye**	[turkaje]
Ucrânia (f)	**Oekraïne**	[ukraïnə]
Uruguai (m)	**Uruguay**	[urugwaj]
Uzbequistão (f)	**Oezbekistan**	[uzbekistan]
Vaticano (m)	**Vatikaan**	[fatikān]
Venezuela (f)	**Venezuela**	[fenesuela]
Vietnã (m)	**Viëtnam**	[viɛtnam]
Zanzibar (m)	**Zanzibar**	[zanzibar]

www.ingramcontent.com/pod-product-compliance
Lightning Source LLC
Chambersburg PA
CBHW021937040426
42448CB00008B/1104